Hikeline
Wanderführer

Berchtesgadener Alpen

Die schönsten Wandertouren im und um den Nationalpark Berchtesgaden

Esterbauer

Hikeline®-Wanderführer
Berchtesgadener Alpen
© 2011, Verlag Esterbauer GmbH
A-3751 Rodingersdorf, Hauptstr. 31
Tel.: +43/2983/28982-0, Fax: -500
E-Mail: hikeline@esterbauer.com
www.esterbauer.com

1. Auflage, Sommer 2011
ISBN: 978-3-85000-547-0

Bitte geben Sie bei jeder Korrespondenz die Auflage und die ISBN an!

Dank an alle, die uns bei der Erstellung dieses Buches tatkräftig unterstützt haben.
Das Hikeline-Team:
Heidi Authried, Beatrix Bauer, Markus Belz, Michael Bernhard, Michael Binder, Veronika Bock, Sandra Eisner, Roland Esterbauer, Gabi Glasstetter, Dagmar Güldenpfennig, Carmen Hager, Tobias Klein, Martina Kreindl, Eveline Müllauer, Gregor Münch, Karin Neichsner, Niki Nowak, Julia Pelikan, Petra Riss, Christian Schlechte, Erik Schmidt, Mandy Schwalbe, Michael Smogavetz, Matthias Thal, Martin Wischin, Wolfgang Zangerl.

Umschlagbild: Markus Belz
Bildnachweis: Berchtesgadener Land Tourismus GmbH: S. 22; Katharina Spannraft: S. 25, S. 26, S. 29, S. 30, S. 31, S. 32, S. 33, S. 34, S. 44, S. 46, S. 51, S. 55, S. 56, S. 57, S. 60, S. 62, S. 64, S. 66, S. 87, S. 88, S. 90, S. 96, S. 100, S. 102, S. 135, S. 136, S. 137, S. 139, S. 140, S. 142, S. 144, S. 147, S. 148, S. 184, S. 191, S. 192, S. 204, S. 222, S. 223, S. 225, S. 226, S. 227, S. 230, S. 232, S. 233; Kur-GmbH Bad Reichenhall / Bayerisch Gmain: S. 10, S. 221, S. 228; Markus Belz: S. 9, S. 11, S. 12, S. 14, S. 15, S. 17, S. 18, S. 19, S. 23, S. 37, S. 38, S. 41, S. 42, S. 48, S. 50, S. 68, S. 69, S. 70, S. 73, S. 74, S. 75, S. 77, S. 78, S. 81, S. 82, S. 83, S. 84, S. 92, S. 98, S. 99, S. 103, S. 106, S. 111, S. 112, S. 113, S. 114, S. 115, S. 117, S. 118, S. 119, S. 120, S. 121, S. 123, S. 124, S. 126, S. 128, S. 130, S. 132, S. 134, S. 151, S. 152, S. 156, S. 157, S. 158, S. 160, S. 162, S. 164, S. 166, S. 168, S. 172, S. 179, S. 180, S. 182, S. 188, S. 194, S. 196, S. 197, S. 200, S. 202, S. 207, S. 208, S. 209, S. 210, S. 215, S. 217, S. 219, S. 220, S. 229; Siegfried Hinterbrandner: S. 145, S. 154, S. 155; Touristinformation Marktschellenberg: S. 21;Veronika Bock: S. 52; Wolfgang Zangerl: S. 104, S. 105, S. 108, S. 110, S. 170, S. 171, S. 175, S. 176

Kartografie erstellt mit axpand
(www.axes-systems.com)

Vorwort

Der vielleicht schönste Teil der Bayerischen Alpen liegt im südöstlichsten Winkel Deutschlands: das Berchtesgadener Land. Der fjordartig eingeschnittene Königssee, das schroffe Steinerne Meer, der nördlichste Gletscher der Alpen, idyllische Almen und Wanderpfade – im und um den Nationalpark Berchtesgaden finden Bergwanderer alles, was sie sich für einen gelungen Aufenthalt in den Alpen wünschen können. Von Talwanderungen rund um Bad Reichenhall und Berchtesgaden bis hin zu Klettersteigen decken die 50 Touren in diesem Buch unterschiedliche Schwierigkeitsgrade ab. Ob Schellenberger Eishöhle, Watzmannhaus oder Schlafende Hexe: die größten Attraktionen in den Berchtesgadener Alpen lassen sich am besten zu Fuß erreichen.

Präzise Karten, genaue Streckenbeschreibungen, zahlreiche Stadt- und Ortspläne und Hinweise auf das kulturelle und touristische Angebot der Region – in diesem Buch finden Sie alles, was Sie zu einer Wanderung in den Berchtesgadener Alpen brauchen – außer gutem Wetter, das können wir Ihnen nur wünschen.

GPS Tracks

Die GPS-Tracks zu diesem Buch erhalten Sie nach Registrierung im Internet unter: www.esterbauer.com

Produktcode: 547-4x53-9p58

Zeichenerklärung

* in Auswahl

Wanderweg auf Hartbelag
z. B.: befestigter Fußweg • ruhige Anliegerstraße

Wanderweg
breiter oder gut begehbarer Weg
z. B.: Wald- und Forstweg

Wandersteig, Pfad
schmaler Weg/Pfad • Wiesenweg

Klettersteig, Kletterstelle
• schwierige Stelle
• Trittsicherheit erforderlich
• Leiter

Verkehrsreicher Abschnitt
• Strecke auf oder direkt an Straße mit starker Verkehrsbelastung

Variante, Alternativstrecke
z. B.: Ausflüge • Abkürzungen • Ein- oder Ausstiege • alternative Hauptroute

Sonstige Wanderwege
• kreuzende Touren • nachträgliche, von uns nicht geprüfte Wege

Wanderweg geplant

Wanderweg gesperrt

Tunnelstrecke, Unterführung

Fährverbindung

Wegpunkt

Gefahrenstelle

Text beachten

Treppe

Etappenanfang, -ende

Touristinformation

Hotel, Pension

Jugendherberge

Campingplatz

Zeltplatz

Gasthaus

Einkaufsmöglichkeit

Kiosk

Erlach **sehenswerter Ort**

Einrichtung im Ort vorhanden

sehenswerte Kirche, Kloster

sehenswertes Schloss, Burg

sehenswerte Ruine

sonstige Sehenswürdigkeit

Museum

Ausgrabungsstätte

Tierpark

Naturpark, -denkmal

Aussichtspunkt

Rastplatz

Unterstand

Schutzhütte

Grillplatz

Wanderparkplatz

Brunnen*

Freibad

Hallenbad

Bushaltestelle*

Maßstab 1 : 50.000

1 cm ≙ 500 m 1 km ≙ 2 cm

0 1 2 3 4

- Kirche
- Kloster
- Kapelle
- Schloss, Burg
- Ruine
- Turm
- Funk-, Sendeanlage
- Kraftwerk
- Umspannwerk, Trafostation
- Windmühle; -kraftanlage
- Wassermühle, Bergwerk
- Bergwerk
- Wegkreuz
- Höhle
- Leuchtturm
- Sportplatz, Stadion
- Denkmal
- Flughafen
- Quelle
- Kläranlage
- Schiffsanleger
- historischer Grenzstein, Römerstein
- Grabanlage, Hügelgrab

Nur in Ortsplänen

- Parkplatz
- Parkhaus/Tiefgarage
- Post*
- Apotheke*
- Krankenhaus
- Feuerwehr
- Polizei
- Theater*

- Wald
- Wiese, Weide
- Fels
- Nassfläche, Sumpf, Moor
- Heide
- Weingarten
- Friedhof
- Garten
- Sand, Düne
- Siedlungsfläche
- Öffentliche Gebäude
- Industriegebiet
- See, Staudamm, Fluss
- Kanal
- A13 Autobahn
- B12 Schnellverkehrsstraße
- B236 Fernverkehrsstraße
- Hauptstraße
- Straße
- Nebenstraße
- Fahrweg
- Pfad
- Eisenbahnlinie / Bahnhof
- Fähre
- Staatsgrenze / Grenzübergang
- Landesgrenze
- Kreisgrenze, Bezirksgrenze
- Naturparkgrenze
- Höhenlinie 100m
- Höhenlinie 25m
- Damm
- 318 5242 Kilometerraster mit UTM-Koordinaten

Inhalt

Die Berchtesgadener Alpen

Die Berchtesgadener Alpen bilden den südöstlichen Abschluss der Bayerischen Alpen. Das Gebiet gliedert sich in neun verschiedene, sehr unterschiedliche Gebirgsstöcke: Untersberg, Lattengebirge, Reiter Alpe, Hochkalter, Watzmann, Göllstock, Hagengebirge, Steinernes Meer und Hochkönig. Begrenzt werden die Berchtesgadener Alpen von der Saalach im Westen und der Salzach im Osten. Lattengebirge und Watzmann sind die einzigen Gebirgszüge, die vollständig auf deutschem Boden liegen, alle anderen liegen teilweise in Österreich, das das Berchtesgadener Land an drei Seiten umgibt.

Die Berchtesgadener Alpen gehören zu den Nördlichen Kalkalpen. Zwei Gesteinsarten dominieren hier: der brüchige, verwitterungsanfällige Ramsauer Dolomit und der wasserlösliche, relativ weiche Dachsteinkalk. Die Gesteine sind vor etwa 200 Mio. Jahren als Sedimente auf dem Meeresboden abgelagert und im Laufe der Jahrmillionen durch tektonische Bewegungen zu einem Hochgebirge aufgefaltet worden. Abtragungsprozesse an Bruch- und Schwächezonen sowie durch die eiszeitlichen Gletscher hervorgerufene Abschürfungsprozesse gestalteten schließlich die uns heute vertraute alpine Landschaft mit tief eingeschnittenen Tälern und schroffen Gipfeln.

Die landschaftliche Vielfalt führt dazu, dass die Berchtesgadener Alpen ein beliebtes Wandergebiet für verschiedene Zielgruppen darstellen. Von einfachen Talwanderungen bis hin zu anspruchsvollen Klettersteigen und Gipfelbesteigungen ist bei den 50 Touren in diesem Buch für jeden Geschmack etwas dabei. Die Wanderungen führen zu beeindruckenden Klammen wie der Almbachklamm, zu schönen Almen wie der Gotzenalm, zu beliebten Berghütten wie dem Kärlingerhaus und zu idyllischen Bergseen wie dem Hintersee, zum höchsten Wasserfall Deutschlands und zum nördlichsten Gletscher der Alpen. Den größten Bekanntheitsgrad in den Berchtesgadener Alpen hat sicherlich der majestätische Königssee, an dessen Ufer viele der Touren in diesem Buch beginnen oder enden. Aber auch andere Regionen wie die Reiter Alpe und das Lattengebirge laden zu aussichts- und erlebnisreichen Wanderungen ein.

Nationalpark Berchtesgaden

Naturschutzbemühungen in und um Berchtesgaden reichen bis zum Anfang des 20. Jahrhunderts zurück. Seit 1910 gab es einen „Pflanzenschonbezirk Berchtesgadener Alpen", ab 1921 ein „Naturschutzgebiet Königssee". Konkrete Überlegungen zur Bildung eines Nationalparks gehen zurück in die 1950er Jahre und zur damaligen Idee, den Watzmann mit einer Seilbahn zu erschließen. Im Jahr 1978 wurde schließlich der Nationalpark Berchtesgaden gegründet, bis heute der einzige Nationalpark in den Bayerischen Alpen. Der 210 km^2 große Nationalpark umfasst den südlichen Teil der Berchtesgadener Alpen mit dem Klausbachtal, dem Wimbachtal und dem Königsseer Tal. 1991 wurden der Nationalpark und sein Vorfeld als UNESCO-Biosphärenreservat anerkannt.

Aufgrund der großen Höhenunterschiede sind im Nationalpark beinahe alle Vegetationszonen von den mittleren Breiten bis zum Polarkreis mit ihren typischen Tier- und Pflanzenarten vertreten. Bisher bekannt sind z. B. rund 100 Brutvögel- und 55 Säugetierarten. Bei den Pflanzen sind bisher rund 2.000 Pilz-, 640 Flechten-, 400 Moos- und 1.000 Gefäßpflanzenarten bekannt. Die vermutlich bekanntesten im Nationalpark Berchtesgaden heimischen Tiere sind Steinbock und Steinadler. Mit einer relativ hohen Wahrscheinlichkeit trifft man bei Wanderungen durch die Berchtesgadener Alpen auf Gämsen und Murmeltiere.

Hintersee

Die Ziele des Nationalparks – Naturschutz, Forschung, Erholung und Umweltbildung – werden unter dem Schlagwort „Natur erleben – Natur verstehen – Natur schützen" zusammengefasst. Alle Tiere, Pflanzen und Lebensräume im Nationalpark sind geschützt, die Natur wird in weiten Bereichen des Nationalparks sich selbst überlassen und der Mensch verzichtet bewusst auf Eingriffe in die natürliche Dynamik. Das heißt auch, dass traditionelle Wirtschaftsformen wie die Almwirtschaft in der Kernzone (die etwa 67 Prozent der Nationalparkfläche ausmacht) nicht mehr gestattet sind. Verfallene Almgebäude zeugen von einer früheren wirtschaftlichen Nutzung, die Natur erobert sich die Gebiete nun nach und nach zurück. Auch eine Erweiterung des etwa 230 Kilometer umfassenden Wanderwegenetzes im Nationalpark ist ausdrücklich nicht vorgesehen, da der Schutz der Natur Vorrang hat vor Freizeitaktivitäten der Bevölkerung. Das deckt sich mit dem Nationalparkmotto „Natur Natur sein lassen".
Neben dem erfolgreichen Naturschutz ist es dem Nationalpark auch zu verdanken, dass die Berchtesgadener Alpen so gut wissenschaftlich untersucht sind wie nur wenige andere Gebiete in den Alpen. In Publikationen und auf Infotafeln an den Wanderwegen, auf geführten Wanderungen und in den insgesamt sechs Nationalpark-Infostellen wird das erforschte Wissen über das Zusammenspiel von Mensch und Natur auf anschauliche Weise vermittelt.

Thumsee

Streckencharakteristik

Länge, Höhenmeter und Etappen

Dieses Buch beschreibt insgesamt 548 Kilometer. Diese teilen sich auf 50 Routen auf, die durch alle Teilgebiete der Berchtesgadener Alpen führen. Die Touren decken eine große Bandbreite von kurzen Spaziergängen bis hin zu einer Zweitagestour ab.
Die zu bewältigenden Höhenmeter im Anstieg liegen zwischen 110 und 2.360, die Länge der Touren bewegt sich zwischen 3 Kilometern und 30 Kilometern. Die angegebenen Gehzeiten verstehen sich als Richtwerte und orientieren sich an der relativ großzügig bemessenen Beschilderung vor Ort.

Wegweisung

Die Wanderwege im Nationalpark Berchtesgaden sind allesamt sehr gut beschildert und werden auch gut gewartet. Die Beschilderung erfolgt in den gesamten Berchtesgaden Alpen, auch auf der österreichischen Seite, mit den bekannten gelben Alpenvereins-Wegweisern und rot-weißen Markierungen. Außerhalb des Nationalparks – z. B. rund um Bad Reichenhall – gibt es auch verschiedene lokale Beschilderungen. Informationen zur Art der Beschilderungen finden Sie im Einleitungsteil der jeweiligen Tour.

Tourenplanung

Zentrale Infostellen

Tourismusregion Berchtesgaden-Königssee, Königsseer Str. 2, 83471 Berchtesgaden, ✆ 08652/967-0, Fax: 08652/967-400, info@berchtesgadener-land.info , www.berchtesgadener-land.info

Berchtesgadener Land Tourismus GmbH, Bahnhofpl. 4, 83471 Berchtesgaden, ✆ 08652/656500, Fax: 08652/6565099, info@berchtesgadener-land.com, www.berchtesgadener-land.com

Nationalpark-Haus Berchtesgaden, Franziskanerpl. 7, 83471 Berchtesgaden, ✆ 08652/64343, Fax: 08652/69434, www.nationalpark-berchtesgaden.bayern.de

An- und Abreise mit der Bahn

Infostellen

Deutsche Bahn AG, www.bahn.de, **Reise-Service**, ✆ 0180/5996633 (€ 0,14/ Minute aus dem Festnetz, Tarif bei Mobilfunk abweichend), Mo-So 0-24 Uhr. Auskünfte über Zugverbindungen, Fahrpreise im In- und Ausland, Buchung von Tickets und Reservierungen.

Kostenlose Fahrplanauskunft ✆ 0800/1507090.

In Freilassing an der Hauptstrecke München – Salzburg beginnt eine Zweigstrecke über Bad Reichenhall, Bayerisch Gmain und Bischofswiesen nach Berchtesgaden. Die Strecke wird im dichten Takt von modernen Elektrotriebzügen der Salzburger S-Bahn befahren, sodass die Talorte Bad Reichenhall und Berchtesgaden leicht mit der Bahn zu erreichen sind. Im Sommerhalbjahr verkehrt sogar ein täglicher Intercity zwischen Hamburg und Berchtesgaden, der eine umsteigefreie Verbindung zwischen zahlreichen deutschen Großstädten und den Berchtesgadener Alpen herstellt.

Mit Bus und Bahn entlang der Strecke

Die Berchtesgadener Alpen sind vor allem im Vergleich zu anderen Teilen der Bayerischen Alpen sehr gut mit öffentlichen Verkehrsmitteln erschlossen. Neben der Bahnverbindung Salzburg – Bad Reichenhall – Berchtesgaden gibt es zahlreiche Buslinien der Regionalverkehr Oberbayern GmbH (RVO) sowie mehrere Postbuslinien, die im regelmäßigen Taktverkehr die meisten Tourenstartorte anfahren. Manche Regionen im Nationalpark, etwa das Klausbachtal und das Kehlsteinhaus, sind sogar ausschließlich mit dem ÖPNV zu erreichen. Mit der Gästekarte der Tourismusregion Berchtesgaden-Königssee können Sie fast alle Linien der RVO kostenlos nutzen. Hinweise zu den Anfahrmöglichkeiten mit Bus und Bahn finden Sie im Einleitungsteil der einzelnen Touren.

Regionalverkehr Oberbayern GmbH, Niederlassung Berchtesgaden, ✆ 08562/94480, www.rvo-bus.de

ÖBB-Postbus GmbH, Andreas-Hofer-Str. 9, A-5020 Salzburg, ✆ 0043/1/71101, www.postbus.at

An- und Abreise mit dem Auto

Die Berchtesgadener Alpen erreichen Sie über die Ausfahrt Bad Reichenhall an der Autobahn A 8 München – Salzburg. Viele Parkplätze an den Ausgangspunkten der Wanderungen sind kostenpflichtig, sodass die Anreise mit Bus und Bahn nicht nur umweltfreundlicher, sondern oft auch günstiger ist.

Beste Reisezeit

Aufgrund der Schneesituation im Winter beschränkt sich die Wandersaison in den Berchtesgadener Alpen in der Regel auf das Sommerhalbjahr. Die Berghütten haben meist zwischen Ende Juni und Ende September geöffnet, sodass sich Berg- und Gipfeltouren auch auf diesen Zeitraum beschränken. Talwanderungen können hingegen auch im Herbst noch sehr reizvoll sein, wenn die Berge bereits von Schnee bedeckt sind und das Laub bunt gefärbt ist.

Wanderreiseveranstalter

Eurohike, A-5162 Obertrum, Mühlstr. 20, ✆ 0043/6219/7444, office@eurohike.at, www.eurohike.at

Wikinger Reisen, Kölner Str. 20, D-58135 Hagen, ✆ 02331/904742, Fax: 02331/904704, www.wikinger-reisen.de

Club Mountains outdoor activities GmbH, Pilsenseestr. 15, D-81379 München, ✆ 089/74835693, Fax: 089/74835694, info@club-mountains.eu, www.club-mountains.eu

Bergwandern? – Aber sicher!

Tourenplanung

Eine gewissenhafte Planung findet bereits vor dem Antritt einer Tour statt und soll Sie davor bewahren, in unkontrollierbare und gefährliche Situationen zu geraten.
Zunächst geht es darum, alle verfügbaren Informationen einzuholen: Bergführerliteratur und Karte geben Aufschluss über das geplante Vorhaben. Welche Schlüsselstellen befinden sich am Weg? Gibt es Umgehungsmöglichkeiten? Kann man die Tour eventuell abbrechen? Aus dem Wetterbericht und durch ortskundige Auskunftspersonen (Bergführer, Hüttenwirte, Tourist-Infos, Seilbahnbedienstete) kann man dann die zu erwartenden Verhältnisse abschätzen. So können Schneelage oder Vereisung einen einfachen Wanderweg unbegehbar machen oder die Gehzeiten zumindest vervielfachen. Auch besteht bei Gewittern in den Bergen Lebensgefahr – ein Blitz muss einen Wanderer nicht einmal direkt treffen, es genügt ein Einschlag in der näheren Umgebung!
Danach verknüpft man die Informationen mit dem eigenen Potential: Reicht die körperliche Verfassung aller Tourenteilnehmer wirklich für die geplante Gehzeit inklusive Reserven? Sind alle den technischen Schwierigkeiten gewachsen? Genügt ein vorgegebenes Zeitfenster – zum Beispiel durch eine Busverbindung für die Rückfahrt, ein zu erwartendes Nachmittagsgewitter oder eine im Tagesverlauf herannahende Schlechtwetterfront – für die Tour? Auch die gedankliche Vorbereitung von Checkpoints ist hilfreich: Zum Beispiel muss ich zu einer bestimmten Uhrzeit bestimmte Wegpunkte oder Schlüsselstellen

Marktschellenberg

bewältigt haben, ansonsten breche ich die Tour ab o. ä.

Blick vom Kehlsteinhaus auf den Untersberg

All diese Überlegungen münden in einen konkreten Tagesplan: Wann breche ich auf? Wer hat was im Rucksack (großes Rucksackgewicht vermeiden, Notfallausrüstung – siehe nächstes Kapitel – mitnehmen)? Ein angepasstes Gehtempo und eine vernünftige Pausenplanung tragen das ihre zu einem schönen Erlebnis bei.
In Ihrem Urlaubsquartier sollten Sie die geplante Wanderroute und eine ungefähre Rückkehrzeit bekanntgeben. Im Notfall wird eine Suchaktion oder Bergung dadurch ungemein beschleunigt. Wenn Sie dann unterwegs laufend Ihre Tourenplanung mit den tatsächlichen Gegebenheiten vergleichen und ggf. rechtzeitig Ihr Vorhaben anpassen, steht einem sicheren, schönen und erholsamen Tag in den Bergen nichts mehr im Weg.

Bekleidung, Ausrüstung

Für eine gelungene Wanderung ist die Ausrüstung ein wichtiger Faktor. Der Markt für Outdoorbekleidung ist mittlerweile unübersehbar, deswegen hier nur einige Grundregeln:
Der wichtigste Ausrüstungsgegenstand sind knöchelhohe **Schuhe mit Profilsohle**, die atmungsaktiv und wasserdicht sein sollten. Die Sohle eines Bergschuhs muss kantenfest sein, um auch auf Firnfeldern und felsigen Passagen ausreichend Halt zu bieten. Reine Trekkingschuhe stoßen mit ihrer weichen Sohle im alpinen Gelände bald an ihre Grenzen. Joggingschuhe sind nur für Spaziergänge im Tal geeignet, keinesfalls aber für Bergwege! Kaufen Sie Schuhe am besten nachmittags, dann haben die Füße ihre maximale Ausdehnung. Die Passform sollte man vor einer längeren Unternehmung unbedingt auf Tagestouren überprüfen! Die Mitnahme von **Steigeisen** ist auf den vorgestellten Wanderungen nicht notwendig.
Neben den Schuhen ist auch die Wahl der **Socken** entscheidend. Socken sollten Feuchtigkeit gut aufnehmen können, da sonst die

Hornhaut der Füße schnell aufgeweicht werden kann und anfällig für Blasenbildung wird. Socken aus Mischgewebe ohne störende Nähte sind ideal.

Für die **Kleidung** gilt das „Zwiebelprinzip“: Mehrere Schichten erfüllen verschiedene Funktionen und lassen sich separat tragen und vielfältig kombinieren. Die unterste Schicht soll Schweiß vom Körper weg führen, darüber folgen bei Bedarf eine wärmende Schicht und zuletzt die äußerste Hülle, die Wind und Regen abhalten, trotzdem aber dampfdurchlässig sein soll.

Als Materialien kommen entweder Kunstfasern – leicht, wenig Feuchtigkeitsaufnahme, leider manchmal starke Geruchsbildung – oder hochwertige Wolle – etwas schwerer, wärmt aber auch im nassen Zustand und nimmt kaum Geruch an – in Frage. Baumwolle ist für anspruchsvolle Touren weniger geeignet, denn sie nimmt viel Feuchtigkeit auf und braucht sehr lange zum Trocknen.

Die Lufttemperatur nimmt pro 100 Höhenmeter um rund 0,6 Grad ab, außerdem läßt der Wind die gefühlte Temperatur nochmals kälter erscheinen (Windchill-Effekt)! Nasse Kleidung verstärkt das Kältegefühl weiter, sodass bei Wetterstürzen am Berg auch im Sommer durchaus Erfrierungsgefahr besteht.

Für Tagestouren im alpinen Gelände benötigt man einen Regenschutz, zusätzliche Kleidung als Kälteschutz, eine Trinkflasche, Sonnenschutz, eine Notfallausrüstung (Biwaksack, eventuell eine Rettungsdecke, Handy mit voll aufgeladenem Akku, kleines Erste-Hilfe-Set) und etwas Verpflegung für unterwegs. Bei Mehrtagestouren kommen noch Wäsche zum Wechseln, ein kleines Waschzeug und Kleidung für den Abend dazu. All das sollte in einem Rucksack von maximal 35 Litern Volumen Platz finden. Vor allem untrainierte Menschen sollten darauf achten, sich nicht zu viel Gepäck zuzumuten, denn die zusätzliche Belastung durch das Tragen kann eine schöne Wanderung schnell zur Quälerei werden lassen.

Wanderstöcke sind mittlerweile sehr gebräuchlich und – richtig angewendet – in vielen Situationen hilfreich. Oberkörper und Arme können die Beine unterstützen, damit sinkt hier die Belastung für Muskeln und Gelenke. Vor allem bei steilen Abstiegen kann dadurch einer Überlastung der Knie vorgebeugt werden. Auch fällt es leichter, in schwierigen Situationen wie Schneefeldern, auf rutschigem Untergrund oder beim Überqueren von Bächen die Balance zu halten. Der Nachteil beim ständigen Verwenden von Wanderstöcken liegt aber in der Verminderung von Trittsicherheit und

In der Nähe der Jennerbahn-Mittelstation

Gleichgewichtsgefühl. Im Aufstieg sollten die Stöcke situationsgerecht – einzeln oder doppelt benutzt – die Beine bei der Hubarbeit unterstützen, im Abstieg ist es besser, beide Stöcke gleichzeitig zu platzieren (Doppelstockeinsatz). Auf Querungen kann man den bergseitigen Stock etwas kürzer fassen.

Im Notfall

Trotz der gründlichsten Tourenplanung können unvorhergesehene Notfälle eintreten. Die Grundregel dabei ist, kühlen Kopf zu bewahren, um nicht durch unüberlegte Handlungen die Gesamtsituation zu verschlimmern. Nachdem Sie sich ein Bild von der Lage gemacht haben und keine weitere Gefahr wie zum Beispiel anhaltender Steinschlag zu befürchten ist, wählen Sie – bei vorhandenem Handynetz – die **Euronotrufnummer 112**. Falls Ihr Telefon keinen Empfang anzeigt, schalten Sie es aus und wieder ein. Dabei tippen Sie statt ihres PIN-Codes 112 ein. Dadurch wird automatisch das stärkste verfügbare Netz angesprochen und gleichzeitig eine Verbindung zur nächsten Polizeidienststelle hergestellt. Sollte auch diese Methode versagen, hilft nur mehr die Veränderung des Standortes, manchmal reichen wenige Meter.
Bei der Notrufstelle geben Sie mit möglichst ruhiger Stimme folgende Fakten bekannt: Was ist passiert? Wo und wann ist der Unfall passiert? Wie viele Verletzte gibt es? Wer ruft an?
Danach versuchen Sie nach Maßgabe Ihrer Möglichkeiten, selbst dem Verletzten zu helfen. Ein kürzlich absolvierter Erste-Hilfe-Kurs und Hausverstand sind dabei sehr hilfreich. Zu guter Letzt: Lassen Sie unter keinen Umständen eine verletzte Person alleine! Versuchen Sie, diese warm und möglichst bequem zu lagern und psychisch zu unterstützen. Warten Sie gemeinsam auf Hilfe.

Zu diesem Buch

Dieser **Hikeline-Wanderführer** enthält alle Informationen, die Sie für Ihre Wanderung in den Berchtesgadener Alpen benötigen: exakte Karten, eine detaillierte Wegbeschreibung und die wichtigsten Informationen zu touristischen Attraktionen und Sehenswürdigkeiten.
Und das alles mit der **Hikeline-Garantie**: Die Routen in unseren Büchern sind von unserem professionellen Redaktionsteam vor Ort geprüft worden. Um höchste Aktualität zu gewährleisten, nehmen wir nach der Erhebung Korrekturen von Lesern bzw. offiziellen Stellen bis Redaktionsschluss entgegen, die dann jedoch teilweise nicht mehr an Ort und Stelle verifiziert werden können.

Papier

Alle unsere Wanderführer werden auf hochwertigem Synthetikpapier gedruckt, welches nicht nur reißfest und besonders leicht, sondern auch komplett wasserfest ist. Dadurch lassen sich die Bücher bequem in der Jackentasche tragen und auch bei Regen problemlos verwenden. Wenn das Buch stark durchnässt wurde, lassen Sie es einfach mit aufgefächerten Seiten trocknen.

wasserfest

Berchtesgaden und Umgebung

Konzept

Am Beginn jeder Tour finden Sie grundlegende Informationen wie Start- und Zielort, die Länge, die zu bewältigenden Höhenmeter im Auf- und Abstieg, die Gesamtschwierigkeit, die durchschnittliche Wegzeit in normalem Gehtempo, ein Höhenprofil und die Anteile an Asphaltwegen, Wanderwegen und -pfaden sowie eine kurze Charakteristik der Tour.

Gesamtschwierigkeit der Tour

Leicht

Leicht: Angenehme Familienwanderung, insgesamt nur geringe Höhenunterschiede und keine starken Steigungen und Gefälle, wenige kurze steilere Abschnitte sind aber möglich. Die Tour verläuft meist auf breiten und gefahrlos zu begehenden Wegen, sie kann (fast) bei jeder Witterung begangen werden. Die Wanderung stellt keine großen Anforderungen an Ausrüstung, Erfahrung und Kondition.

Mittel

Mittel: Die Wanderung erfordert normale Kondition und etwas Ausdauer. Längere Steilabschnitte und schmale, steinige Pfade oder schwierig zu begehende Bereiche sind möglich, Trittsicherheit ist teilweise erforderlich. Es können gesicherte Kletter- und Gehpassagen sowie Leitern vorkommen, die Hände werden – wenn überhaupt – nur auf wenigen Metern zur Fortbewegung benötigt. Die Wege können witterungsbedingt schwieriger begehbar und rutschig sein.

Schwer

Schwer: Die Tour erfordert abschnittsweise große Anforderungen an Kondition, Erfahrung und Orientierung. Große Höhenunterschiede mit z. T. auch längeren Abschnitten sind zu überwinden und/oder die Tour ist sehr lang sowie über weite Strecken schwierig zu begehen. Wege können ausgesetzt sein, drahtseilgesicherte Passagen bzw. leichte Kletterstellen kommen vor, Trittsicherheit ist unbedingt erforderlich. Die Begehbarkeit ist stark witterungsabhängig.

Karten

Eine Übersicht über die geografische Lage der 50 Routen gibt Ihnen die Übersichtskarte auf der vorderen inneren Umschlagsseite. Die Detailkarten sind im Maßstab 1:50.000 erstellt. Dies bedeutet, dass 1 Zentimeter auf der Karte einer Strecke von 500 Metern in der Natur entspricht. Zusätzlich zum genauen Routenverlauf informieren die Karten auch über die Beschaffenheit des Bodenbelags bzw. über die Art des Weges sowie über kulturelle und gastronomische Einrichtungen entlang der Strecke. Die Höhenlinien haben einen Abstand von 25 Metern.

Allerdings können selbst die genauesten Karten den Blick auf die Wegbeschreibung nicht ersetzen. Stellen mit schwieriger Wegfindung werden in der Karte mit dem Symbol ⚠ gekennzeichnet, im Text finden Sie das gleiche Zeichen zur Markierung der betreffenden Stelle wieder, manchmal ergänzt durch ein Foto.

Die beschriebene Haupttour wird immer in Blau, Varianten oder Abstecher in Grün dargestellt. Die genaue Bedeutung der einzelnen Symbole wird in der Zeichenerklärung auf den Seiten 4 und 5 erläutert.

Textteil

Der Textteil besteht im Wesentlichen aus der genauen Routenbeschreibung. Manche besonders markante oder wichtige Punkte auf der Strecke sind als Wegpunkte **1**, **2**, **3**, ... durchnummeriert und – zur besseren Orientierung – mit dem selben Symbol in den Karten und im Höhenprofil wieder zu finden. Die Kilometerangaben, im Text hochgestellt, zeigen Ihnen die schon zurückgelegte Strecke seit dem Etappenstart an, sie sind auf hundert Meter gerundet. In Klammern finden Sie die Höhe des betreffenden Punktes. Der Wegpunkt **5** **5,2 (1.345)** ist also 5,2 Kilometer vom Ausgangspunkt der Tour entfernt und liegt auf einer Höhe von 1.345 Metern.

Ferner sind alle wichtigen **Orte** zur besseren Orientierung aus dem Text hervorgehoben. Die Symbole Ortsanfang und Ortsende kennzeichnen ein größeres, geschlossenes Siedlungsgebiet. Gibt es interessante Sehenswürdigkeiten in einem Ort, so finden Sie unter dem Ortsbalken die jeweiligen Adressen, Telefonnummern und Öffnungszeiten.

Die Beschreibung der einzelnen Orte sowie historisch, kulturell oder naturkundlich interessanter Gegebenheiten entlang der Route tragen zu einem abgerundeten Reiseerlebnis bei. Diese Textblöcke sind kursiv gesetzt und unterscheiden sich dadurch auch optisch von der Streckenbeschreibung.

Absätze in grüner Farbe behandeln Varianten und Ausflüge.

Wallfahrtskirche Ettenberg

TIPP Textabschnitte in Blau heben Stellen hervor, an denen Sie auf den weiteren Wegeverlauf und auf mögliche Varianten hingewiesen werden. Sie geben auch Empfehlungen und Erläuterungen zu Sehenswürdigkeiten oder Freizeitaktivitäten etwas abseits der Route.

GPS-Navigation

GPS (Global Positioning System) erlaubt eine präzise Positionsbestimmung mittels Navigationssatelliten und einem Empfangsgerät, dem GPS-Empfänger. Die Navigation basiert auf dem UTM-System (Universal Transversal Mercatorprojection). Das UTM-Gitternetz unterteilt die Erde in 60 Zonen von je 6 Grad Breite. Die Positionsangabe setzt sich aus dem „East"- oder Rechtswert und dem „North"- oder Hochwert zusammen. Der „East"- Wert (E) gibt den Abstand zum jeweiligen Bezugsmeridian in Kilometern plus 500 Kilometer zur Vermeidung negativer Zahlen an. Der „North"- Wert (N) gibt den Abstand zum Äquator in Kilometern an.

GPS-Navigation in der Karte

Das Gebiet dieser Karten liegt in der Zone 33 und hat den Bezugsmeridian 15 Grad Ost. Um zu navigieren ist der GPS-Empfänger auf WGS 84 (World Geodetic System 1984) und UTM-Projektion einzustellen. Die Koordinaten (East und North) sind in der Karte in Kilometern, auf dem GPS-Empfänger in Metern angegeben. Für die GPS-Navigation ist auf den Karten ein grau gepunktetes Gitter mit einer Maschenweite von 1 Kilometer vorhanden. Da einige Karteninhalte hervorgehoben oder generalisiert dargestellt werden, ist eine absolute Lagegenauigkeit nicht immer garantiert.

Bad Reichenhall

PLZ: 83435; Vorwahl: 08651

- **Bayerisches Staatsbad Kur-GmbH Bad Reichenhall/Bayerisch Gmain,** Wittelsbacher Str. 15, ✆ 6060, www.bad-reichenhall.de
- **Alte Saline mit Salzmuseum,** ✆ 7002146, ÖZ: Mai-Okt., 10-11.30 Uhr u. 14-16 Uhr, Nov.-April, Di-Fr 14-16 Uhr. Museum rund um die Reichenhaller Saline, den Quellenbau, das Salzsieden und alte und moderne Salinentechnik. Geführte Rundgänge sind möglich.
- **St. Zeno Kirche**
- **Aegidikirche** (1159) am Aegidiplatz
- **Burg Gruttenstein** mit der historischen Stadtmauer erhebt sich hoch über der Alten Saline. Die Burg befindet sich heute in Privatbesitz.
- Rund um den **Aegidiplatz** befinden sich das Alte Feuerhaus (heute VHS), eine Galerie, die Städt. Musikschule und ein Kleinkunsttheater.
- Das **Alte Rathaus** am Rathausplatz wurde 1849 erbaut und 1924 mit Fresken bemalt
- **Gradierwerk mit Solebrunnen,** überdachtes AlpenSole-Freiluftinhalatorium im Kurpark
- **AlpenSole-Kneippanlage im Kurpark,** direkt am Gradierwerk
- **Spa & Fitness Resort RupertusTherme,** Friedrich-Ebert-Allee 21, ✆ 606706

Bad Reichenhall liegt wunderschön im Flusstal der Saalach im Berchtesgadener Land, das Lattengebirge im Süden und das Hochstaufenmassiv im Norden reichen nah an das Stadtgebiet heran. Die Kurstadt ist größte Stadt und somit auch Kreisstadt des Landkreises Berchtesgadener Land.

Das Salz, auch „weißes Gold" genannt, bestimmte seit jeher die Geschicke von Bad Reichenhall. Das Salzmuseum in der Alten Saline

Rathausplatz

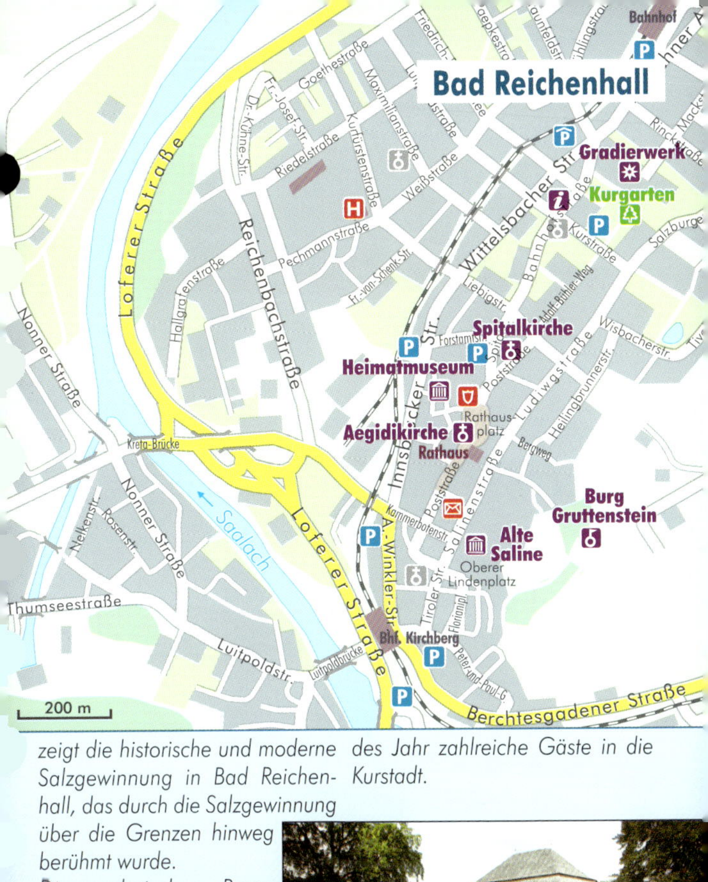

zeigt die historische und moderne Salzgewinnung in Bad Reichenhall, das durch die Salzgewinnung über die Grenzen hinweg berühmt wurde.

Die malerischen Berge ringsum, das mediterrane Ambiente der Innenstadt mit gemütlichen Cafés und Restaurants sowie das umfangreiche Angebot im medizinischen, kulturellen, künstlerischen und sportlichen Bereich locken jedes Jahr zahlreiche Gäste in die Kurstadt.

Gradierwerk im Kurpark

schwer

Tour 1 15,1 km

Bad Reichenhall – Hochstaufen

Start/Ziel: Bad Reichenhall, Rupertustherme

Gehzeit: 7–8 Std. **Aufstieg:** 1.350 m **Abstieg:** 1.350 m

Hartbelag: 29 % **Wanderwege:** 12 % **Wanderpfade:** 59 %

Charakteristik: Ein aussichtsreicher, anspruchsvoller Anstieg für Geübte führt auf den über Bad Reichenhall thronenden Hochstaufen. Das erste Teilstück verläuft über breite, schattige Wege, weiter geht es über Pfade hinauf auf den Rücken der Buchmahd. Ein ausgesetzter Pfad mit zahlreichen Kletterstellen durch Latschen und Felsen führt schließlich hinauf zum Bad Reichenhaller Haus – belohnt werden Sie mit durchwegs tollen Ausbli-

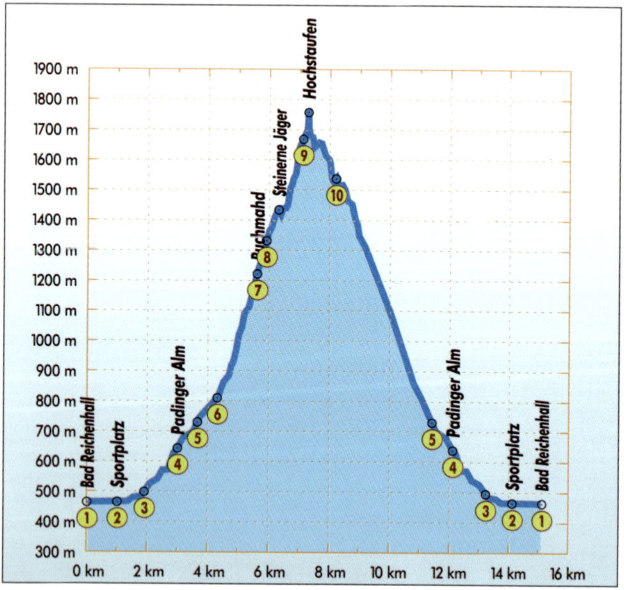

cken auf das Vorland und in die Berchtesgadener Berge. Schwindelfreiheit und Trittsicherheit sind auf dieser Tour unbedingt nötig.

Markierung: Zur Padinger Alm weiße Markierungen auf Holztäfelchen, ab der Padinger Alm gelbe DAV-Beschilderung Richtung „Hochstaufen über Steinerne Jäger".

Anreise/Abreise: Mit dem Stadtbus 4 zur Rupertustherme. Anfahrt mit dem Auto über die Bundesstraße 21.

Bei den Steinernen Jägern

Bad Reichenhall s. S. 22

1 0,0 (465) An der Rupertustherme die Bundesstraße überqueren ⇝ geradeaus über die Saalach ⇝ bei der Verzweigung schräg links und dem Asphaltweg 600 m geradeaus folgen.

2 1,0 (470) An der Kreuzung beim Sportplatz folgen sie der **Nonner Straße** nach rechts leicht bergan ⇝ nach 900 m rechts auf die kleine Asphaltstraße in Richtung Padinger Alm, dieser folgen Sie für kurze Zeit.

3 1,9 (525) Kurz vor der Gabelung, an der der Weg rechts gekiest und geradeaus asphaltiert weiterführt, links über die kleine Holztreppe auf den Pfad ⇝ auf dem Pfad weiter im Wald ⇝ links auf den Asphaltweg weiter ⇝ nach wenigen Metern liegt rechts etwas abseits die Padinger Alm.

Padinger Alm

Padinger Alm, Terrasse mit schönem Ausblick, ÖZ: Di-So 9-23 Uhr

4 3,0 (660) Dem asphaltierten, ruhigen Weg zwischen den beiden Parkplätzen der Padinger Alm hindurch folgen, beim nächsten Parkplatz auf der linken Seite beginnt der Forstweg ⇝ auf diesem Hauptweg 500 m bergauf.

5 3,6 (750) Den Abzweig zur Bartlmahd ignorieren und stattdessen der Rechtskurve des Forstweges folgen ⇝ weiter auf dem breiten Weg zu Füßen des Hochstaufen zumeist im Wald bergauf.

6 4,3 (810) In der leichten Rechtskurve links auf den schwarz beschilderten, mit einigen Holzstufen versehenen Pfad in Richtung Steinerne Jäger ⇝ nach wenigen Metern an der T-Kreuzung links ⇝ nach fast 1 km führt der Pfad auf die **Buchmahd**, wo Sie getreu dem Namen viele Buchen vorfinden ⇝ der kaum erkennbare Pfad verläuft dann im Laubwald bergauf, orientieren Sie sich an

Reichenhaller Haus und Hochstaufen-Gipfel

den rot-weißen Markierungen an den Bäumen ~ gelegentlich finden sich Holzbefestigungen als Orientierungshilfen, der Pfad ist teils recht wurzelig.

7 5,6 (1.295) Auf dem Rücken der Buchmahd treffen Sie links vom großen Felsen auf den von Mauthausen und Piding heraufkommenden Pfad ~ links weiter am Rücken entlang, auf teils felsigem Weg recht zügig bergauf.

8 5,9 (1.380) An der Eisenleiter, die den Beginn des Aufstiegs über die **Steinernen Jäger** darstellt, bietet sich eine tolle Aussicht hinunter auf Bad Reichenhall und das Lattengebirge ~ über die Leiter hinauf ~ über Latschen und Felsen auf dem steinigen Pfad am Kamm bergan, die Route ist teils schmal und ausgesetzt, bei zahlreichen steinigen und felsigen Partien brauchen Sie die Hände zum Festhalten ~ stellenweise führt der Steig recht steil nach oben.

TIPP Der Pfad in der felsigen Flanke wird immer undeutlicher, orientieren Sie sich hier an den weiß-rot-weißen Markierungen auf dem Fels.

Folgen Sie der Markierung bis zum Bad Reichenhaller Haus, es gibt hier keinen anderen Pfad.

9 7,1 (1.750) Sie haben das exponiert stehende Bad Reichenhaller Haus erreicht.

Reichenhaller Haus

Bad Reichenhaller Haus, ✆ 08651/5566, ÖZ: Mitte Mai-Mitte Okt.

Bergkapelle

Zwischen der Hütte und der **Bergkapelle** folgen Sie dem Schotterpfad, in wenigen Minuten erreichen Sie den Gipfel des Hochstaufen.

Hochstaufen (1.771 m)

Die Aussicht auf das Vorland und die Berchtesgadener Alpen ist überwältigend.

Vom Gipfel gehen Sie wieder zurück zum Reichenhaller Haus ~ hinter der **Kapelle** auf dem Schotterpfad nach rechts über Schotter und Latschen meist bergab, folgen Sie dem schmalen, steinigen Pfad knapp 1 km in Richtung Mittelstaufen.

10 8,2 (1.595) An der felsigen Wand des **Mittelstaufen** zweigt

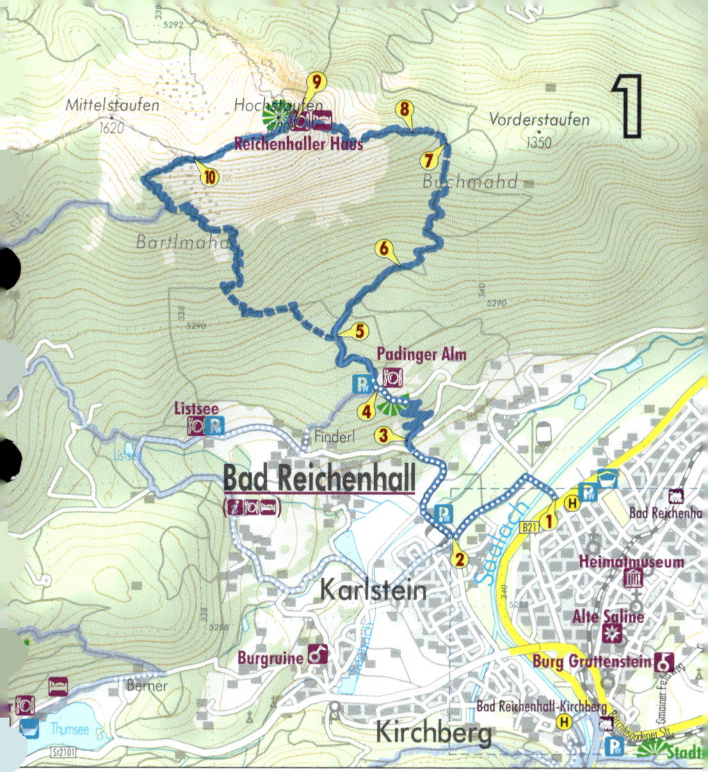

rechts ein Steig mit Seil ab, Sie folgen dem Pfad hier links hinab zur Bartlmahd ~ über den Pfad mit einzelnen Holzstufen auf die Wiesenfläche auf der **Bartlmahd** ~ auf dem guten Schotterpfad hinein in den Wald, die unscheinbare Abzweigung nach rechts zur Zwieselalm ignorieren ~ nach der Abzweigung für 2,4 km auf dem Pfad teils steil bergab in zahlreichen Kehren und Stufen durch den Bergwald ~ bei der Verzweigung geradeaus.

5 **11,4 (745)** Der Weg trifft auf eine breite Forststraße, es handelt sich um dieselbe, die sie vom Aufstieg her bereits kennen ~ gehen Sie auf dem bereits bekannte Weg vorbei an der Padinger Alm zurück zum Ausgangspunkt.

1 **15,1 (465)** Die Tour endet wieder an der Rupertustherme.

Bad Reichenhall

mittel

Tour 2 — 20,0 km

Bartlmahd und Zennokopf

Start/Ziel: Bad Reichenhall, Rupertustherme

Gehzeit: 8–9 Std. **Aufstieg:** 1.510 m **Abstieg:** 1.510 m

Hartbelag: 27 % **Wanderwege:** 19 % **Wanderpfade:** 54 %

Charakteristik: Die lange Rundtour führt über einen schattigen Aufstieg auf die Bartlmahd und von dort auf einem stillen, selten begangenen Pfad über Schuttfelder, Buchenwälder und Latschen am Hang entlang zur Zwieselalm. Auf einem von Latschen gesäumten Pfad geht es schließlich hinauf auf den Zennokopf. Der Abstieg führt vorbei am wunderschönen, smaragdgrünen Listsee.

Markierung: Zur Padinger Alm teilweise Beschilderung auf Holztäfelchen, ab dort gelbe DAV-Beschilderung Richtung

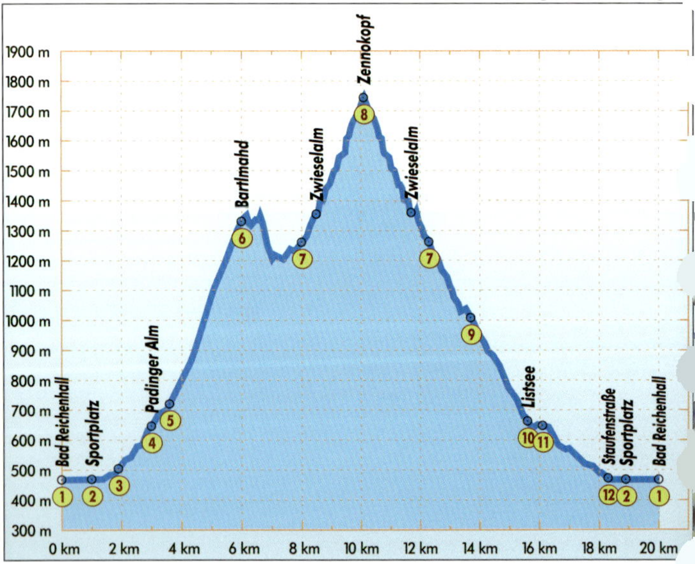

„Zwieselalm", von der Bartlmahd zur Zwieselalm zusätzlich hellblau-weiße Punkte. Beim Abstieg zum Listsee erfolgt die Beschilderung mit blauen Dreiecken, ab dem Listsee folgen Sie der Beschilderung Bad Reichenhall.

Anreise/Abreise: Mit dem Stadtbus 4 bis zur Endhaltestelle an der Rupertustherme. Anfahrt mit dem Auto über die B 21, gebührenpflichtiger Parkplatz an der Therme.

Bad Reichenhall s. S. 22

1 **0,0 (465)** An der Rupertustherme die Bundesstraße überqueren ~ geradeaus über die Saalach ~ bei der Verzweigung schräg links und dem Asphaltweg 600 m geradeaus folgen.

2 **1,0 (470)** An der Kreuzung beim Sportplatz folgen sie der **Nonner Straße** nach rechts leicht bergan ~ nach 900 m rechts auf die kleine Asphaltstraße in Richtung Padinger Alm, dieser folgen Sie für kurze Zeit.

3 **1,9 (525)** Kurz vor der Gabelung, an der der Weg rechts gekiest und geradeaus asphaltiert weiterführt, links über die kleine Holztreppe auf den Pfad ~ auf dem Pfad weiter im Wald ~ links auf den Asphaltweg weiter ~ nach wenigen Metern liegt rechts etwas abseits die Padinger Alm.

Padinger Alm

Padinger Alm

Padinger Alm, Terrasse mit schönem Ausblick, ÖZ: Di-So 9-23 Uhr

4 **3,0 (660)** Sie folgen dem asphaltierten, ruhigen Weg zwischen den beiden Parkplätzen der Padinger Alm hindurch bergan, beim nächsten Parkplatz auf der linken Seite beginnt der Forstweg ~ diesem Hauptweg folgen Sie nun 500 m bergauf.

5 **3,6 (750)** In der leichten Rechtskurve links auf den beschilderten Pfad in Richtung Bartlmahd ~ Sie lassen alle Abzweigungen außer Acht und folgen dem Pfad über 2,5 km zügig bergan im Wald, der Pfad ist teilweise recht steil, es gibt einzelne Stufen.

6 **6,0 (1.400)** Wo der Wald lichter wird und der Weg auf die baumfreie **Bartlmahd** führt, links auf den kleinen Pfad zur Zwieselalm.

TIPP: Die Markierungen von der Bartlmahd zur Zwieselalm sind hellblau-weiße Punkte.

Auf diesem schmalen, sehr selten begangenen Pfad wandern Sie knapp 2,5 km meist parallel zum Hang durch Wald und Lat-

Bei der Bartlmahd

schen, teils im Buchenwald, über mehrere Schuttfelder um die südlichen Flanken des Mittelstaufen und Vorderstaufen herum.

ACHTUNG Nach längeren Regenfällen kann der Weg von Bartlmahd zur Zwieselalm sehr rutschig sein.

7 8,0 (1.285) Bei der ersten Abzweigung seit der Barthlmahd zweigt nach vorne links der Pfad zum Jochbergparkplatz ab, Sie halten sich rechts in Richtung Zwiesel, nach wenigen Metern treffen Sie auf eine Rastbank ~ weiter auf dem Pfad wieder stärker bergauf, hier erleichtern einige Holzstufen den Anstieg ~ an der Gabelung nach der Rechtskurve halten Sie sich rechts ~ Sie erreichen auf einer Almwiese die Zwieselalm mit zahlreichen Sitzgelegenheiten und einem tollen Ausblick auf das Bad Reichenhaller Becken.

Zwieselalm

Zwieselalm, ÖZ: Mai-Okt.

Richtung Zwieselgipfel links neben der Alm auf dem Schotterpfad den Hang hinauf, der Pfad führt über zahlreiche schmale Serpentinen und einzelne Stufen erst in den Latschen, dann auf einem kurzen Stück alpinem Rasen direkt auf den Zennokopf.

Zennokopf (1.756 m)

AUSFLUG Auf dem Zennokopf angekommen gelangen Sie auf dem Pfad in weniger als 200 m über den Grat hinüber zum Zwieselgipfel.

8 10,1 (1.755) Der Abstieg vom Zennokopf gleicht anfangs dem Aufstiegsweg.

7 12,3 (1.285) Bei Wegpunkt 7 diesmal rechts auf den stufenreichen Kiespfad ~ in engen Kehren im schattigen Bergwald hinab, es handelt sich um den ehemaligen Mulipfad ~ am Forstweg rechts und an der Gabelung nach 200 m links über die kleine Holztreppe ~ auf der Forststraße weiter nach links.

9 13,7 (1.005) Gleich in der ersten Kehre der Forststraße befindet sich ein Tisch mit Bänken, hier folgen Sie im Scheitel der Kehre dem Pfad in Richtung Karlstein/Listsee, der Pfad wird rasch zu einem breiten Kiesweg.

Blick auf den Zennokopf

TIPP Die Beschilderung zum Listsee erfolgt mit blauen Dreiecken.

Die Forststraße, auf die Sie treffen, schräg nach links queren, es folgt ein Teilstück mit zahlreichen Am Listsee rechts, an der längeren Uferseite entlang ⤳ Bänke bieten Gelegenheit, das smaragdgrüne Wasser zu bewundern ⤳ geradeaus weiter Richtung Bad Reichenhall.

Zwieselalm

Rastbänken ⤳ die nächste Forststraße queren Sie ebenfalls und folgen dem Kiesweg für 100 m, dann links auf den Pfad und den Hang hinunter in Richtung Listsee.

10 15,6 (645) Am nördlichen Ende des Listsees treffen Sie auf den breiten Kiesweg.

Listsee

Die Entstehungssage des Listsees besagt, dass dort einst eine große Menge von Riesen in Stampfschritten tanzte, bis der Waldboden, auf dem sie tanzten, zu einem großen Erdloch zusammengestampft war, das sich später mit Wasser füllte.

11 16,1 (645) Bei einem großen Holzhaus trifft der Kiesweg in einer T-Kreuzung auf einen Forstweg, hier links ⤳ ab dem ersten Hof ist der Weg asphaltiert ⤳ dem Weg 1,5 km folgen.

12 18,3 (480) Der Weg trifft auf die Staufenstraße, diese überqueren Sie geradeaus ⤳ auf dem asphaltierten Gehweg an der **Von-Martius-Straße** entlang.

2 18,9 (470) Ab dem Sportplatz folgen Sie dem bereits bekannten Weg.

1 20,0 (465) Die Tour endet wieder an der Rupertustherme.

Bad Reichenhall

leicht

Tour 3

9,3 km

Nonner Oberland

Start/Ziel: **Bad Reichenhall, Rupertustherme**

Gehzeit: **3 Std.** Aufstieg: **290 m** Abstieg: **290 m**

Hartbelag: **65 %** Wanderwege: **20 %** Wanderpfade: **15 %**

Charakteristik: Der leichte Spaziergang führt auf guten Wegen über die Weiden des Nonner Oberlandes, zu Füßen des Hochstaufen. Der grünblaue Listsee lädt zum Verweilen ein.

Markierung: Weiße Markierung auf Holztäfelchen mit Kilometerangaben. Erst der Route „Nonner Oberland", dann „Listsee" und ab dem Listsee der Beschilderung „Bad Reichenhall" folgen.

Anreise/Abreise: Mit dem Bad Reichenhaller Stadtbus (Linie 4) bis zur Endhaltestelle an der Rupertustherme. Anfahrt mit dem Auto über die B 21, gebührenpflichtiger Parkplatz an der Therme.

Listsee

Tipp: Ganz am Ende der Tour treffen Sie auf Informationen zur bronzezeitlichen Siedlungsgeschichte im Raum Bad Reichenhall.

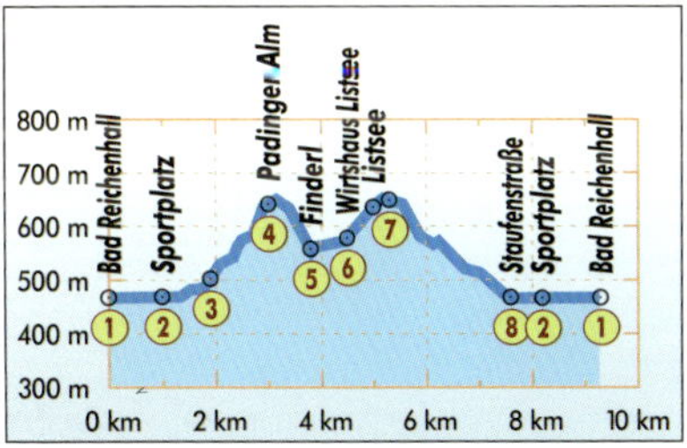

Bad Reichenhall s. S. 22

1 0,0 (465) An der Rupertustherme die Bundesstraße überqueren ~ geradeaus über die Saalach ~ bei der Verzweigung schräg links und dem Asphaltweg 600 m geradeaus folgen.

2 1,0 (470) An der Kreuzung beim Sportplatz folgen sie der **Nonner Straße** nach rechts leicht bergan ~ nach 900 m rechts auf die kleine Asphaltstraße in Richtung Padinger Alm, dieser folgen Sie für kurze Zeit.

3 1,9 (525) Kurz vor der Gabelung, an der der Weg rechts gekiest und geradeaus asphaltiert weiterführt, links über die kleine Holztreppe auf den Pfad ~ auf dem Pfad weiter im Wald ~ links auf den Asphaltweg weiter ~ nach wenigen Metern liegt rechts etwas abseits die Padinger Alm.

Padinger Alm

Padinger Alm, Terrasse mit schönem Ausblick, ÖZ: Di-So 9-23 Uhr

Im Nonner Oberland

4 3,0 (660) Links vom zur Padinger Alm gehörigen Parkplatz führt die Route über den Pfad in den Wald hinein ~ an der Gabelung nach knapp 200 m links, weiter auf dem guten Pfad in leichtem bergauf und bergab durch den schattigen Wald ~ an der Verzweigung nach gut 500 m links halten, der Weg führt hinaus aus dem Wald am Weiler **Finderl** vorbei, ab hier ist der Weg asphaltiert.

Finderl

5 3,8 (555) An der Kreuzung auf der **Nonner Au Straße** nach rechts leicht bergauf und auf dem ruhigen Asphaltweg zwischen den Viehweiden weiter.

6 4,5 (590) Am Ende des Asphaltweges befindet sich das Wirtshaus Listsee.

Wirtshaus Listsee, ÖZ: Mi-Mo

Hinter dem Wirtshaus auf den breiten Kiesweg bergauf zum Listsee.

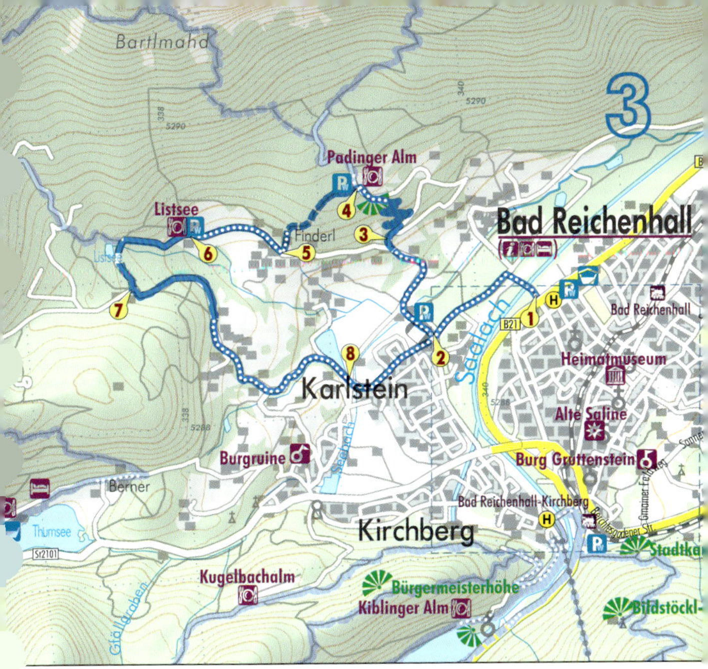

Listsee

Die Entstehungssage des Listsees besagt, dass dort einst eine große Menge von Riesen in Stampfschritten tanzte, bis der Waldboden, auf dem sie tanzten, zu einem großen Erdloch zusammengestampft war, das sich später mit Wasser füllte.

Am Listsee links auf dem Kiesweg Richtung Bad Reichenhall weiter, am See selbst bieten sich einige schöne Sitzgelegenheiten zum Verweilen an.

7 5,3 (645) Bei einem großen Holzhaus trifft der Kiesweg in einer T-Kreuzung auf den Forstweg, hier links ~ ab dem ersten Hof ist der Weg asphaltiert ~ dem ruhigen Asphaltweg folgen Sie 1,5 km.

8 7,6 (480) Der Weg trifft auf die Staufenstraße, diese überqueren Sie geradeaus ~ über den asphaltierten Gehweg an der **Von-Martius-Straße** entlang.

2 8,2 (470) Ab dem Sportplatz folgen Sie dem bereits bekannten Weg.

1 9,3 (465) Die Tour endet wieder an der Rupertustherme.

Bad Reichenhall

mittel

Tour 4 — 10,2 km

Thumsee – Höllenbachalm

Start/Ziel: Thumsee, Gasthaus Seewirt

Gehzeit: 3–4 Std. **Aufstieg:** 455 m **Abstieg:** 455 m

Hartbelag: 13 % **Wanderwege:** 47 % **Wanderpfade:** 40 %

Charakteristik: Start und Ziel der Rundtour ist der idyllische Thumsee westlich von Bad Reichenhall. Die Wanderung folgt den Spuren des „weißen Goldes". Entlang von historischen Salinenwegen und alten Aufschlagwasserleitungen informieren zahlreiche Tafeln über die Geschichte der Salzgewinnung in der Region. Auf dem Rückweg passieren Sie mit der Höllenbachalm eine ruhige, gemütliche Einkehrmöglichkeit.

Markierung: Lokale Beschilderung mit weißer Schrift auf braunen Holzbalken.

Anreise/Abreise: Mit der Bad Reichenhaller Stadtbuslinie 2 bis zur Endhaltestelle Thumsee, Seewirt. Begrenzte Zahl an Parkplätzen am nördlichen Seeufer.

Tipp: Mit einem Abstecher zum Mauthäusl, wo Anschluss an Tour 5 durch die Weißbachschlucht besteht, lässt sich die Tour verlängern.

Thumsee

Seewirt, Thumsee 1, schöner Gasthof mit Sonnenterrasse direkt am See. Der bekannteste Gast im Gasthaus Seewirt war Sigmund Freud, der hier im Juni 1901 einen mehrwöchigen Sommerurlaub verbrachte. Der Gasthof ist derzeit geschlossen.

Landgasthof Madlbauer, Thumsee 2, ✆ 08651/2296, ÖZ: Feb.-Okt., tägl. 10-20 Uhr, Nov.-Jan., Do-Mo 10-20 Uhr

Thumseebad, ✆ 08651/65636

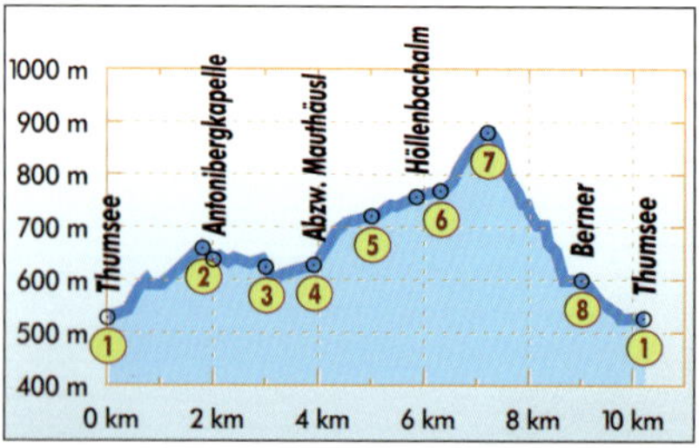

Der etwa ein Kilometer lange Thumsee ist ein glasklarer Gebirgssee, der im Hochsommer Badetemperaturen erreicht. In der Nähe des Sees befindet sich die älteste Seerosenfarm Deutschlands.

1 **0,0 (540)** Sie starten die Wanderung am bekannten **Gasthaus Seewirt** ~ auf dem schmalen Uferweg Richtung Südwesten ~ den Parkplatz queren und über Holzstufen hinauf zur vielbefahrenen St 2101 ~ die Straße überqueren und auf der anderen Seite in den asphaltierten Fahrweg ~ nach 100 m links Richtung **Soleleitungsweg** ~ an der Gabelung rechts Richtung Antonibergkapelle und auf dem ehemaligen Soleleitungsweg am Hang entlang ~ oberhalb der Schießanlage entlang ~ links sehen Sie einen schönen Wasserfall.

2 **1,8 (620)** An der Abzweigung kurz nach dem Wasserfall rechts Richtung Antonibergkapelle ~ auf dem Holzsteg über die Straße, kurz darauf erreichen Sie die Kapelle.

Antonibergkapelle (1827), am höchsten Punkt der einst hier vorbeiführenden Salzstraße erbaut. Neben der Kapelle finden Sie das gusseiserne Rohr einer historischen Aufschlagwasserleitung.

Schräg links auf die sog. „**Himmelsleiter**" und über zahlreiche Stufen steil den Hang hinauf ~ die Treppe endet am Standort des früheren Salinen-Hochbehälters, heute finden Sie hier ein Informationshäuschen und einen Rastplatz ~ an der Gabelung rechts in den schmalen Pfad ~ weiter auf diesem historischen Soleleitungsweg am Hang entlang, Sie bleiben immer auf dem kleinen Pfad.

3 **3,0 (645)** Sie erreichen das vorläufige Ende des Soleleitungsweges, hier links und über Holzstufen hinunter zur sog. Queralpenstraße.

TIPP Der folgende Abschnitt des historischen Soleleitungsweges wurde beim Bau der heutigen Bundesstraße zerstört,

Thumsee

Höllenbachalm

erreichen Sie das Gasthaus Mauthäusl und können von dort auch in die Weißbachschlucht absteigen (vgl. Tour 5) bzw. mit dem Bus 9526 nach Bad Reichenhall zurückfahren.

Mauthäusl

Mauthäusl, ✆ 08665/98600

sodass Sie auf diese ausweichen müssen. Ein Wiederaufbau des Weges ist geplant, achten Sie hierzu auf die lokale Beschilderung.

⚠ Die beiden stark befahrenen Straßen vorsichtig überqueren ⤳ rechts halten und auf dem Gehsteig entlang der Bundesstraße weiter, links unten können Sie die Weißbachschlucht erahnen (vgl. Tour 5).

AUSSTIEG Von der Bushaltestelle Weinkaser Abzw. können Sie mit dem Bus 9526 nach Thumsee bzw. Bad Reichenhall zurückfahren.

4 3,9 (645) ⚠ An der hohen Brücke die Bundesstraße erneut überqueren und in den Wanderweg Richtung Höllenbachalm einbiegen.

AUSFLUG Hier beginnt auf der linken Seite nun auch wieder der historische Salinenweg. Wenn Sie ihm 700 m folgen,

Auf der Hauptroute folgen Sie dem breiten Fahrweg leicht bergauf Richtung Höllenbachalm.

5 5,0 (725) An der Abzweigung, wo einst der **Marxenhof** stand, links halten ⤳ am Holzlagerplatz rechts und über den kleinen Bach ⤳ am Waldrand sehen Sie vor sich bereits die schöne Höllenbachalm.

Höllenbachalm

Höllenbachalm, ÖZ: Mai-Okt., tägl. 10-18 Uhr

An der Alm geradeaus auf den Wiesenpfad ⤳ über den Weidezaun wieder in den Wald.

6 6,3 (765) An der Gabelung links halten ⤳ am Standort des früheren **Kreutzerhofes** vorbei ⤳ links auf die Fahrstraße einbiegen ⤳ 400 m lang auf der Fahrstraße bergauf.

7 7,2 (875) An der Dreieckskreuzung mit der Rastbank rechts abbiegen, gleich darauf links hal-

ten ~ auf dem breiten Forstweg kurz bergab ~ an der nächsten Gabelung rechts in den schmalen **Höllenbachsteig** ~ der Steig führt Sie auf den nächsten 900 m durch den Wald bergab, durch die Bäume erahnen Sie immer mal wieder den Thumsee ~ Sie stoßen auf einen breiteren Waldweg, hier rechts bergab ~ immer auf dem Hauptweg bleiben, alle Abzweigungen ignorieren.

8 **9,0 (590)** Unten angekommen rechts auf den Fahrweg ~ auf Asphalt durch die kleine Siedlung **Berner** ~ geradeaus in den Rad- und Fußweg ~ nach der Pension Hubertus links hinunter zum Uferweg ~ am Thumsee entlang ~ nach dem **Thumseebad** links und weiter auf dem Uferweg.

1 **10,2 (540)** Die Tour endet wieder am Gasthof Seewirt.

Thumsee

leicht

Tour 5 7,9 km

Weißbachschlucht

Start/Ziel: Gasthaus Mauthäusl

Gehzeit: 2–2½ Std. **Aufstieg:** 115 m **Abstieg:** 115 m

Hartbelag: 7 % **Wanderwege:** 46 % **Wanderpfade:** 47 %

Charakteristik: Der Abstieg zur einfachen, aber dennoch schönen Wanderung durch die Weißbachschlucht beginnt am Gasthof Mauthäusl. Unten in der Schlucht wandern Sie auf dem alten Triftsteig stets in Wassernähe. Viele Passagen sind mit Seilen gesichert, insbesondere bei Nässe ist etwas Trittsicherheit erforderlich. Wendepunkt der Tour ist der kleine Ort Schneizlreuth.

Markierung: Sichere Markierung Richtung Weißbachschlucht/Schneizlreuth.

Anreise/Abreise: Der Bus 9526 (Inzell – Bad Reichenhall) hält direkt vor dem Gasthof Mauthäusl. Anfahrt mit dem Auto über die B 305 Weißbach – Schneizlreuth.

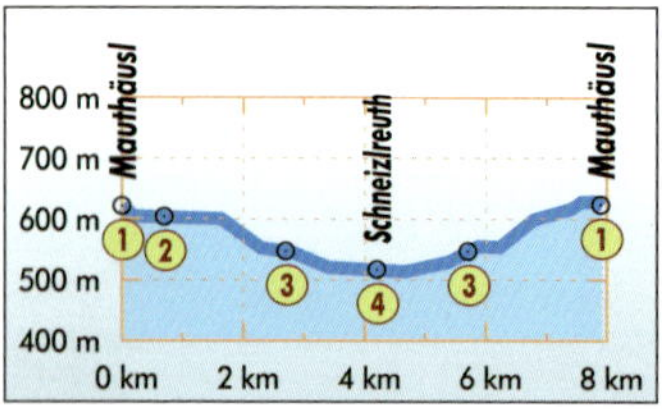

Mauthäusl

Mauthäusl, ✆ 08665/98600

An dieser Stelle befindet sich bereits seit 1587 eine Gaststätte. Die Sonnenterrasse mit Blick auf die Weißbachschlucht bietet sich für eine Einkehr nach der Tour an.

1 **0,0 (630)** Am Gasthof Mauthäusl Richtung Westen in den bergab führenden, breiten Wanderweg ~ an der Abzweigung links Richtung Weißbachschlucht, Schneizlreuth ~ kurz darauf sehen und hören Sie auf der rechten Seite bereits den Weißbach ~ auf dem schönen Pfad auf der linken Hangseite durch die Schlucht.

Weißbachschlucht

Der Triftsteig durch die Weißbachschlucht wurde einst angelegt, um überall Zugang zum Wasser zu haben und das getriftete Holz in Bewegung zu halten. Die Holztrift war hier schon im 15. Jahrhundert verbreitet, da bei der Siedesalzerzeugung in der Saline Reichenhall große Holzmengen benötigt wurden.

2 **0,7 (610)** Am Abzweig des kleinen Pfades zum Mauthäusl geradeaus weiter ~ auf den nächsten 2 km folgen Sie nun stets dem Wanderpfad an der Hangkante der schmalen Weißbachschlucht, oft über Stege und Stufen, teilweise auch mit Seilsicherungen ~ Sie haben stets den Weißbach im Blick (und im Ohr), der in schönen Kaskaden abwärts fließt ~ am Ende der eigentlichen Schlucht vorbei an der Infotafel zum Triftwesen.

3 **2,7 (545)** An der Gabelung kurz nach der Schutzhütte

In der Weißbachschlucht

In der Weißbachschlucht

rechts weiter ⁓ kurz vor der Bushaltestelle rechts in den Pfad Richtung Schneizltreuth ⁓ unter der Straßenbrücke hindurch und den Weißbach überqueren ⁓ kurz hoch zur Straße, im weiteren Verlauf führt der Wanderpfad dann erneut unter der Straße hindurch ⁓ nach der Straßenunterführung links weiter ⁓ auf dem breiten Weg nach Schneizlreuth hinein.

ANSCHLUSS Am großen Parkplatz besteht Anschluss zur Tour 46 in die Aschauer Klamm.

Am großen Parkplatz rechts halten und weiter zum Gasthaus Schneizlreuth.

Schneizlreuth

PLZ: 83458; Vorwahl: 08651

Tourist-Information Schneizlreuth, Berchtesgadener Str. 12, OT Weißbach, ✆ 08665/7489, www.schneizlreuth.de

Gasthaus Schneizlreuth, ✆ 4165, ÖZ: Mi-Mo

4 **4,2 (510)** Von Schneizlreuth wandern Sie bis Wegpunkt 2 wieder auf dem selben Weg durch die Weißbachschlucht zurück.

2 **7,7 (610)** Nach der Brücke über den kleinen Nebenbach rechts abzweigen Richtung Mauthäusl ⁓ Sie wandern über zahlreiche Treppenstufen steil den Hang hinauf zum Gasthof.

1 **7,9 (630)** Der Wanderpfad endet direkt im Biergarten des Gasthauses Mauthäusl.

Mauthäusl

Schneizlreuth

mittel

Tour 6 — 13,8 km

Rund um das Müllnerhörndl

Start/Ziel: Bad Reichenhall, Predigtstuhlbahn

Gehzeit: 5 Std. **Aufstieg:** 700 m **Abstieg:** 700 m

Hartbelag: 14 % **Wanderwege:** 44 % **Wanderpfade:** 42 %

Charakteristik: Eine lange, ruhige Wanderung, zu großen Teilen im Wald, aber auch immer wieder mit aussichtsreichen Teilstücken. Aufgrund des ausgesetzten Pfades an der Südwest-Seite des Pflasterbachhörndl sind unbedingt Trittsicherheit und Schwindelfreiheit erforderlich. Nach dem langen Rückweg können Sie sich beim Kuchelbergbauern mit einer Brotzeit belohnen.

Markierung: Weiße Schilder auf Holztäfelchen.

Anreise/Abreise: Von der Bushaltestelle Bad Reichenhall Kirchberg/Luitpoldbrücke (Bus 828, Postbus 260) bzw. vom Bahnhof Bad Reichenhall-Kirchberg etwa 10 Min Fußweg über die Saalach zur Predigtstuhlbahn. Mit dem Auto der Beschilderung zur Predigtstuhlbahn folgen.

Tipp: Eine Variante führt ganz nach oben zum Pflasterbachhörndl.

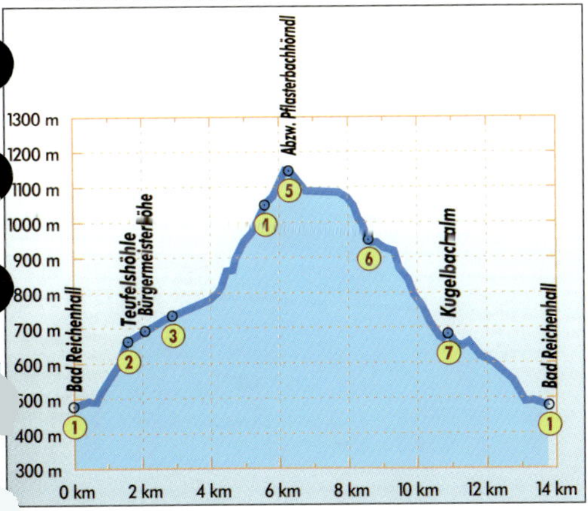

Bad Reichenhall

s. S. 22

1 **0,0 (485)** Sie starten am Parkplatz der Predigtstuhlbahn ~ nach links und auf der **Kiblinger Straße** leicht bergauf ~ nach ca. 400 m an der Gabelung der

Blick auf den Karlstein

Asphaltstraße nach rechts zum ehemaligen Gasthaus Schroffen ⇝ gegenüber des ehemaligen Gasthauses links die kleine Holztreppe hinauf und dann auf dem Pfad nach links in Richtung Bürgermeisterhöhe ⇝ nach ca. 450 m erreichen Sie eine Bank mit schöner Aussicht, hier führt der Pfad in einer Rechtskurve erst weiter den Hang hinauf und dann nach links weiter bergauf durch lichten Wald zu einem mit vielen Holzstufen versetzten Pfadstück.

2 1,6 (710) Bei der „**Teufelshöhle**" genannten, markanten Gruppe von Felsblöcken angekommen gabelt sich der Weg ⇝ hier links auf dem Pfad durch die Felsen hindurch, am an die Felswand gemalten Teufel vorbei, dann über Stufen nach oben ⇝ auf dem Pfad weiter in wechselndem Auf und Ab.

AUSSICHT Bei der nächsten Gabelung lohnt sich ein kurzer Abstecher nach rechts zur Aussichtsbank Bürgermeisterhöhe mit schönem Blick auf Thumsee und Karlstein.

Die Hauptroute führt an der Gabelung links ⇝ mäßig bergab am leicht bewaldeten Höhenrücken entlang zu einem dichteren Waldstück ⇝ an der T-Kreuzung links die sogenannte „**Teufelsschlucht**" hinunter.

3 2,9 (700) Der Pfad trifft auf einen breiten Kiesweg, auf diesem nach rechts teils steil den Berg hinauf und alle Abzweigungen ignorieren ⇝ nach ca. 1,5 km über einen Bachlauf, der Weg verläuft danach in einer Rechtskurve hinauf in die Mulde auf dem Höhenrücken ⇝ es folgt ein steiler Anstieg auf dem zunehmend wurzeligen Weg.

4 5,6 (1.050) Rechts am Baum ist ein bemerkenswertes Marienmarterl zu sehen, der Weg wird hier zum wurzeligen Pfad und teilt sich, hier rechts ⇝ der Pfad führt weiter bergan ⇝ an der nächsten Weggablung wieder rechts ⇝ nach ca. 250 m treffen Sie auf die Gabelung in der kleinen Mulde, hier entscheiden Sie sich zwischen der Hauptroute und der anstrengenden, aber aussichtsreichen Gipfelvariante hinauf zum Pflasterbachhörndl.

Zum Pflasterbachhörndl 1,7 km

An der Gablung rechts ~ zwischen zwei Felsblöcken hindurch, dann leicht bergab ~ rechts an Felsbrocken vorbei, danach links halten ~ auf dem schmalen, wurzeligen Waldpfad zügig den Hang hinauf ~ am Grat angekommen führt der Weg nach links ~ nach gut 200 m treffen Sie auf einen ziemlich felsigen Bereich, hier brauchen Sie die Hände zum Klettern und Trittsicherheit ~ nach wenigen Metern sind sie auf dem Gipfel des Pflasterbuchhörndls mit seinem schönen Kreuz angekommen.

Pflasterbachhörndl (1.270 m)

Auf dem selben Weg zurück zur Hauptroute.

5 **6,3 (1.150)** Möchten Sie nicht auf den Gipfel, so gehen Sie an der Gabelung links weiter ~ auf der kleinen Lichtung an der

linken Seite entlang und wieder in den Wald, der Pfad verläuft hier auf unscheinbaren, aber bemerkenswerten Steinmauern ⇝ an der kleinen T-Kreuzung rechts ⇝ im Wald ist der Pfad teilweise undeutlich, orientieren sie sich an den rot-weiß-roten DAV-Markierungen an den Bäumen ⇝ der Pfad führt hinaus aus dem Wald am grasbewachsenen Hang mit wenigen Bäumen entlang und ist sehr schmal und ausgesetzt, Schwindelfreiheit ist unbedingt erforderlich ⇝ Sie folgen dem Pfad meist auf gleicher Höhe um die felsigen Flanken des Rabensteinhorns und haben dabei einen tollen Ausblick auf das Saalachtal ⇝ bei der zweiten Flanke ist der Weg sehr schmal und ausgesetzt, hier sind Seile zum Festhalten angebracht.

ACHTUNG ⚠ Bei der Umrandung der zweiten Flanke ist der Pfad an einer Stelle unterbrochen, sodass man sich ganz auf das Drahtseil verlassen muss.

Nach der dritten Flanke führt der steinige, stellenweise rutschige Pfad nach rechts in den Wald hinein und zügig bergab.

6 **8,6 (920)** Der Pfad wird wieder zum Kiesweg, sie folgen diesem und befinden sich im Laubwald ⇝ bei der Einmündung auf die Schotterstraße rechts ⇝ vor dem **Paul-Gruber-Haus** und dessen Spielplatz vorbei und auf dem Kiesweg in den Wald hinein ⇝ dem Versorgungsweg auf den nächsten 2 km folgen.

7 **10,9 (640)** Die bewirtschaftete Kugelbachalm liegt links auf einer Weide.

Kugelbachalm

Kugelbachalm, ÖZ: Fr-Mi

An der zweiten Abzweigung nach der Kugelbachalm auf dem etwas schmaleren Weg nach rechts (Beschilderung M 1) ⇝ den abzweigenden Pfad nach 300 m ignorieren ⇝ an der Gabelung rechts, Sie befinden Sich auf dem **Reichenhaller Burgenweg** ⇝ an der nächsten Gabelung rechts leicht bergan, Sie verlassen den Burgenweg ⇝ nach der Eisentreppe auf den Pfad, hier rechts, Sie sehen bereits die ersten Häuser ⇝ nach wenigen Metern treffen Sie auf die Holztreppe am Schroffen ⇝ auf dem bereits bekannten Asphaltweg vom Schroffen zum Parkplatz zurück.

1 **13,8 (485)** Die Tour endet am Parkplatz der Predigtstuhlbahn.

Bad Reichenhall

leicht

Tour 7 12,9 km

Rund um den Saalachsee

Start/Ziel: Bad Reichenhall, Bahnhof Kirchberg

Gehzeit: 3–3½ Std. **Aufstieg:** 150 m **Abstieg:** 150 m

Hartbelag: 26 % **Wanderwege:** 63 % **Wanderpfade:** 11 %

Charakteristik: Der Saalachsee wird vom Stauwehr Kibling südwestlich von Bad Reichenhall aufgestaut, die erste Talsperre wurde hier bereits 1910-1913 erbaut. Das Wasserkraftwerk wird von der Deutschen Bahn betrieben und sowohl für die Bahn als auch für private Haushalte genutzt. Je nach Jahreszeit und Niederschlagsintensität ändert der See oft sein Aussehen. Auf den auch bei Radlern beliebten breiten Kieswegen am Seeufer erleben Sie eine vielfältige Pflanzen- und Tierwelt. Die gemütliche Wanderung bietet zudem mehrere Einkehrmöglichkeiten und die Möglichkeit der Rückfahrt mit dem Bus ab Unterjettenberg.

Markierung: Auf dem Hinweg Richtung „Unterjettenberg", auf dem Rückweg Richtung „Bad Reichenhall".

Anreise/Abreise: Der Bahnhof Bad Reichenhall-Kirchberg liegt an der Bahnstrecke Freilassing-Berchtesgaden. Mit dem Auto in Bad Reichenhall der Beschilderung zum Parkplatz P 7 „Festplatz" folgen, der Parkplatz liegt an der B 21 Richtung Lofer, etwa 200 m südlich des Bahnhofs.

Bad Reichenhall s. S. 22

1 **0,0 (475)** Am Bahnhof Bad Reichenhall-Kirchberg durch die Unterführung ⤳ links auf der Brücke über die Saalach.

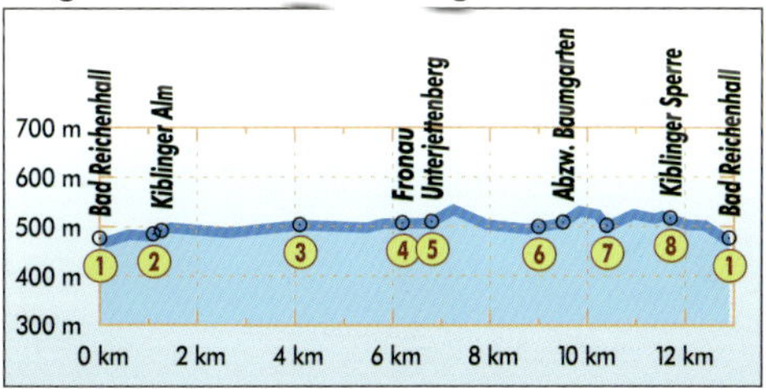

TIPP Die aus Steinquadern errichteten Abstürze im Flussbett auf der linken Seite sind ein Relikt

der Triftanlage, die Ende des 18. Jahrhunderts angelegt wurde, um das für die Saline in Reichenhall bestimmte Holz aus der Saalach entnehmen zu können.

Nach der Brücke links in den Fußweg zur Predigtstuhlbahn ⁓ an der **Seilbahnstation** links auf die Straße ⁓ in der Rechtskurve der Straße links in den Fußweg zum Saalachsee ⁓ der Weg führt parallel zur Saalach durch den Wald.

2 **1,1 (485)** An der kleinen Asphaltstraße links ⁓ an der Kiblinger Alm erreichen Sie das Ufer des Saalachsees.

Kibling

Kiblinger Alm, ÖZ: Do-Di 10-20 Uhr

Café am See, ✆ 08651/7666176, ÖZ: Di-So ab 11 Uhr

Auf dem anfangs noch asphaltierten Weg am nördlichen Seeufer entlang ⁓ der Weg führt durch ein Landschaftsschutzgebiet mit abwechslungsreicher Flora und Fauna.

3 **4,1 (510)** Am frei stehenden Haus geradeaus auf Asphalt weiter ⁓ an der Saalach entlang ⁓ den Wald verlassen und weiter über Weideflächen ⁓ auf dem asphaltierten Weg in die Streusiedlung Fronau.

Fronau

Gasthaus Saalachtal, Fronau 2, ✆ 08651/7640155, ÖZ: Mo, Do, Fr 13-21 Uhr, Sa, So 11-21 Uhr

4 **6,2 (505)** Kurz vor dem Gasthaus Saalachtal links und auf dem Fronauer Steg über die Saalach.

Unterjettenberg

Auf der anderen Flussseite links halten und auf dem Asphaltweg an der Straße entlang ⁓ ab der Bushaltestelle auf dem kleinen Wiesenweg weiter.

Saalachsee

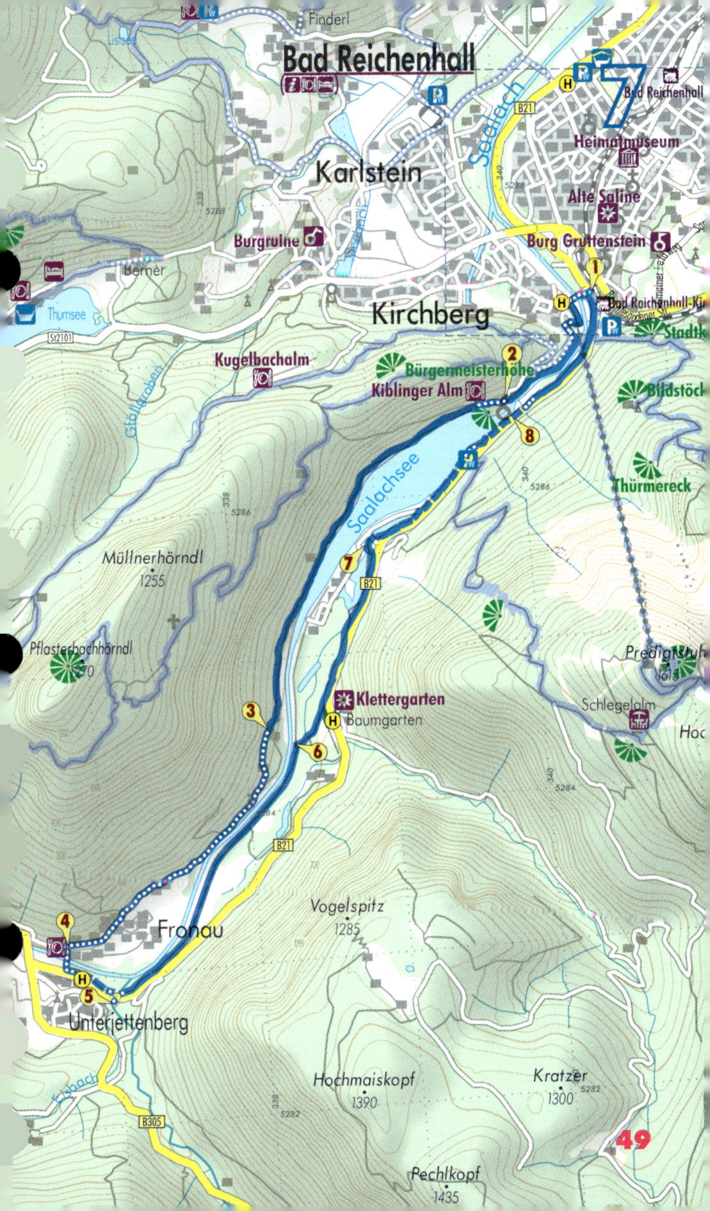

Bad Reichenhall
Finderl
Karlstein
Saalach
Bad Reichenhall
Heimatmuseum
Alte Saline
Burgruine
Burg Gruttenstein
Berner
Thumsee
Kirchberg
Kugelbachalm
Bürgermeisterhöhe
Kiblinger Alm
Bildstöckl
Saalachsee
Thürmereck
Müllnerhörndl
1255
Pflasterbachhörndl
Predigtstuhl
1613
Klettergarten
Baumgarten
Schlegelalm
Vogelspitz
1285
Fronau
Unterjettenberg
Hochmaiskopf
1390
Kratzer
1300
Pechlkopf
1435
B21
B305
St2101

An der Saalach

AUSSTIEG Sie können von hier mit den Buslinien 260 und 828 nach Bad Reichenhall zurückfahren.

5 6,8 (500) Auf der hinteren der beiden Brücken über den Schwarzbach, gleich nach der Brücke wieder links ~ der Weg führt sehr schön zwischen der Saalach und einer kleinen Felswand entlang ~ auf dem Damm weiter entlang der Saalach.

6 9,0 (495) Vor dem Betriebsgelände des Kieswerks rechts abbiegen ~ auf der Brücke über den Röthelbach ~ am Querweg links weiter Richtung Bad Reichenhall.

AUSFLUG Rechts kommen Sie zur Bundesstraße und zum Klettergarten Baumgarten.

Baumgarten

Outdoor Center Baumgarten mit einem der höchsten Hochseilgärten Deutschlands, 08651/4009 od. 2233

Auf der Hauptroute wandern Sie im leichten Auf und Ab unterhalb der Straße entlang.

7 10,4 (500) Am Kieswerk geradeaus über die Asphaltstraße und auf dem schmalen Pfad weiter ~ geradeaus über den Parkplatz, am gegenüberliegenden Ufer sehen Sie das Café am See.

8 11,7 (500) Am Seeende an der Staumauer, der sog. **Kiblinger Sperre**, vorbei ~ kurzzeitig auf Asphalt, dann auf dem breiten Kiesweg am Saalachufer entlang.

1 12,9 (475) Der Weg endet direkt neben der Unterführung am Bahnhof Kirchberg.

Bad Reichenhall

leicht

Tour 8 — 6,4 km

Salzburger Freilichtmuseum

Start/Ziel: Großgmain, Parkplatz am Freilichtmuseum

Gehzeit: 1½–2 Std. **Aufstieg:** 130 m **Abstieg:** 130 m

Hartbelag: 55 % **Wanderwege:** 45 % **Wanderpfade:** 0 %

Charakteristik: Sie wollen den Besuch im Salzburger Freilichtmuseum mit einer kleinen Wanderung kombinieren? Dann empfiehlt sich diese leichte, wenig aufregende Tour. Der Weg führt meist eben durch Wald und über saftige Weiden. Als mögliches Abstecherziel bietet sich Marzoll mit seinem Schloss und der lieblichen Kirche an. Der Latschenwirt wartet in der ersten Weghälfte als mögliche Einkehr. Die Tour ist auch für Kinderwägen geeignet.

Markierung: Gelbe DAV-Beschilderung, bis zum Latschenwirt Nr. 50, danach Nr. 52.

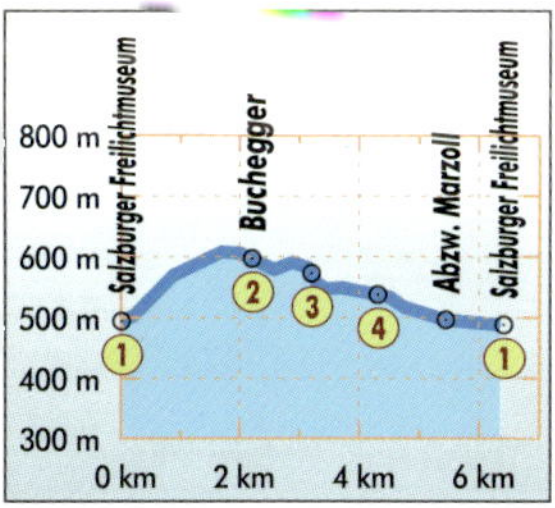

Im Salzburger Freilichtmuseum

Anreise/Abreise: Mit dem Postbus 180 von Bad Reichenhall zur Haltestelle „Großgmain Freilichtmuseum". Anfahrt mit dem Pkw über Bayerisch Gmain, auf der L 114 der Beschilderung „Salzburger Freilichtmuseum" folgen.

Großgmain (A)

PLZ: 5084; Vorwahl: 06247

Fremdenverkehrsamt, ✆ 8278

Salzburger Freilichtmuseum, Hasenweg, ✆ 0662/850011, ÖZ: April-Okt., Di-So 9-18 Uhr, Juli-Aug., tägl. 9-18 Uhr. Auf einem 50 ha großen Areal am Fuße des Untersberges wurden 70 historisch wertvolle Gebäude (16.-20. Jh.) aus dem Land Salzburg errichtet. Museumsfeldbahn, alte Traktoren und Arbeitsgeräte, zahlreiche Vorführungen und Veranstaltungen.

Marienwallfahrtskirche mit der „Schönen Madonna" (1395) und den gotischen Tafelbildern des Meisters von Großgmain (1499)

1 **0,0 (490)** Sie starten am Parkplatz des Freilichtmuseums und gehen zum Eingang des Museums ⁓ auf dem Kiesweg, der rechts am Gelände des Freilichtmuseums vorbei führt, in den Wald ⁓ auf diesem sehr ebenen Kiesweg mehr als 2 km geradeaus.

2 **2,2 (595)** An der Asphaltstraße angekommen, queren Sie diese schräg nach rechts ⁓ über den Pfad vor dem Latschenwirt vorbei zum Parkplatz.

Buchegger

Latschenwirt, ÖZ: Di-So

Über den Parkplatz geradeaus auf den Kiesweg ⁓ an der Gabelung nach der Brücke links leicht bergan, dann ca. 500 m weiter immer parallel zum Bach ⁓ an der Gablung kurz vor dem Waldrand nach rechts, der Weg wird hier zum Asphaltweg.

3 **3,2 (555)** Links vom Weg befinden sich Bauernhöfe mit eindrucksvollen Häusern ⁓ Sie folgen dem ruhigen Asphaltweg und überqueren den kleinen Graben ⁓ folgen Sie der Asphaltstraße um den Hof herum und halten sich dann weiter links ⁓ über die Weideflächen an zwei Bauernhöfen vorbei.

4 **4,3 (535)** An der Hauptstraße folgen Sie dem Fußweg neben der Straße nach rechts bis zur Abzweigung Wolfsbergmühle/Buchbauer ⁓ hier können Sie eine Variante zum Schloss nach Marzoll wählen.

Zum Schloss Marzoll

Auf Höhe der Abzweigung Wolfsbergmühle nach links in

Schloss Marzoll

die asphaltierte **Schlossbergstraße** ~ die Staatsgrenze überqueren und in den Ort Marzoll mit dem Schloss und der sehenswerten Kirche.

Marzoll

PLZ: 83435; Vorwahl: 08651

Schloss Marzoll wurde 1527-1536 im italienischen Renaissance-Stil erbaut. Die Besitzer planen den Ausbau zu einem Hotel.

Pfarrkirche St. Valentin. Die Kirche wurde erstmalks 789 erwähnt, das beeindruckende Innere der Kirche ist vom Stil des Rokoko geprägt.

Zurück auf der Hauptroute wandern Sie auf dem Gehweg neben der Bundesstraße weiter geradeaus direkt zum Parkplatz des Freilichtmuseums.

1 **6,4 (490)** Die Tour endet wieder am Ausgangspunkt.

Großgmain

Tour 9 12,8 km

Toni-Lenz-Hütte und Schellenberger Eishöhle

Start/Ziel: Marktschellenberg, Bushaltestelle Eishöhle

Gehzeit: 6–7 Std. **Aufstieg:** 1.270 m **Abstieg:** 1.270 m

Hartbelag: 4 % **Wanderwege:** 51 % **Wanderpfade:** 45 %

Charakteristik: Eine wunderschöne Wanderung mit stetigem Anstieg, erst auf der Forststraße im Wald, teils am Bach entlang, dann über Pfade, durch bunten Laubwald und Latschen zu Füßen der erhabenen Felswände des Salzburger Hochthrons. Die Toni-Lenz-Hütte erwartet Sie mit einer Brotzeit und belohnt den Aufstieg mit einer atemberaubenden Aussicht von der Terrasse. Weiter geht es über den Schotterpfad zur Marktschellenberger Eishöhle, deren Besuch Sie sich nicht entgehen lassen sollten.

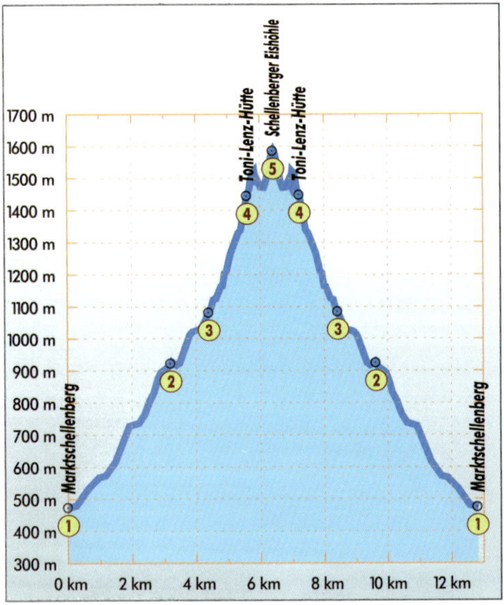

Markierung: Markierung 463 Richtung Toni-Lenz-Hütte und Schellenberger Eishöhle.

Anreise/Abreise: Mit den Buslinien 836 oder 840 zur Haltestelle „Marktschellenberg, Eishöhle". Mit dem Auto von Berchtesgaden über die B 305 Richtung Marktschellenberg.

Blick auf den Watzmann

Tipp: Nehmen Sie sich 1 Stunde mehr Zeit und erkunden Sie die Eishöhle auf einer Führung des Höhlenvereins Marktschellenberg. Die Führungen beginnen zu jeder vollen Stunde am Sammelplatz, ein kundiger Höhlenforscher lässt Sie die Eishöhle entdecken und verstehen. Die Eishöhle kann nicht auf eigene Faust erkundet werden.

Marktschellenberg

PLZ: 83487; Vorwahl: 08650

ℹ Tourist-Information, Salzburger Str. 2, ✆ 988830, www.marktschellenberg.de

Der Ort, der sein Entstehen dem Salzvorkommen in diesem Gebiet verdankt, wurde 1112 erstmals urkundlich erwähnt. Der Salzabbau brachte der Gemeinde und den Bewohnern hohe Einkommen. Mit dem Niedergang des Salzabbaus – die Saline stellte 1805 endgültig den Betrieb ein – verarmte die Bevölkerung zusehends. Erst die Entwicklung des Fremdenverkehrs führte wieder zu wachsendem Wohlstand.

1 0,0 (480) Die Tour startet am Parkplatz bei der **Bushaltestelle Eishöhle** ~ auf der B 305 ca. 100 m nach links in Richtung Marktschellenberg ~ rechts auf dem schmalen asphaltierten Weg mit den zahlreichen Wegweisern bergauf ~ in der ersten Kehre auf den gekiesten Forstweg ~ Sie folgen der Forststraße 3 km und lassen alle abzweigenden Wege außer Acht, der Weg verläuft erst bergauf, dann teils parallel zum Hang im Wald.

2 3,2 (925) Nach dem größeren Wendeplatz mit zahlreichen Sitzbänken dem Weg zunächst ohne Steigung folgen ~ nach 250 m wird der Forstweg zu einem guten Pfad, dieser verläuft eine Zeit lang parallel zum Lochgraben, bevor er scharf nach rechts über Holzstufen im Wald ansteigt.

Toni-Lenz-Hütte

Toni-Lenz-Hütte

Toni-Lenz-Hütte, bewirtschaftete Hütte mit toller Aussicht, ÖZ: Pfingsten-Okt.

Links neben der Hütte auf dem Schotterpfad in Kehren bergan, dann hangparallel um die Flanke herum ~ an der Gabelung rechts in Richtung Eishöhle.

AUSSICHT Der Watzmann zeigt sich hier in seiner Postkartenansicht mit Frau und Kindern.

5 6,4 (1.590) Am Holzgatterl des Sammelplatzes für Führungen in die Eishöhle warten Sie auf den verantwortlichen Höhlenforscher, der Sie zum Ende der Tour, der Schellenberger Eishöhle, führt.

Schellenberger Eishöhle

Schellenberger Eishöhle, ✆ 988830, ÖZ: Pfingsten-Anfang Okt., tägl. 10-16 Uhr, Führungen werden stündlich angeboten. Die Schellenberger Eishöhle ist die einzige begehbare Eisschauhöhle Deutschlands. Während der Führung erhält man Informationen zur Entstehung von Höhlen und Eishöhlen. Zu sehen sind in der Eishöhle Hallen mit „Eismandln", Eisfahnen, verschiedene Eisformationen, usw.

Zurück wandern Sie wieder auf dem selben Weg hinunter nach Marktschellenberg.

3 4,4 (1.080) An der Pfadkreuzung geradeaus weiter, ab hier wird der Weg steiniger ~ der Wald gibt den Blick auf die Toni-Lenz-Hütte sowie auf die imposanten Felswände des Hochthrons frei ~ auf dem teils stufigen Pfad ca. 1,2 km weiter durch lockeren Laubwald in die Latschenzone.

AUSSICHT Kurz nach Beginn der Latschenzone befindet sich eine Bank mit wunderbarer Aussicht bis auf die Schönfeldspitze.

4 5,6 (1.445) An der beschilderten Abzweigung zum Schellenberger Sattel unterhalb der Toni-Lenz-Hütte bleiben Sie auf dem Pfad ~ nach einer Linkskurve erreichen Sie die Hütte.

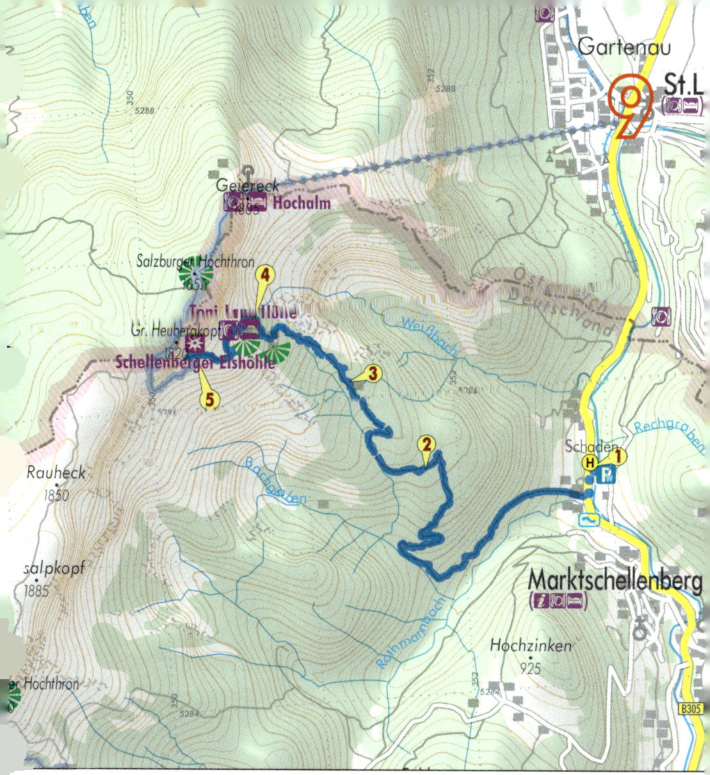

ANSCHLUSS Sie können alternativ auch hinauf zum Salzburger Hochthron wandern und dann mit der Gondel ins Tal hinab fahren (vgl. Tour 10).

1 **12,8 (480)** Die Tour endet wieder am Ausgangspunkt.

Marktschellenberg

In der Schellenberger Eishöhle

mittel

Tour 10 — 4,9 km

Thomas-Eder-Steig – Schellenberger Eishöhle

Start/Ziel: Grödig, Bergstation der Untersbergbahn

Gehzeit: 2–3 Std. **Aufstieg:** 605 m **Abstieg:** 605 m

Hartbelag: 0 % **Wanderwege:** 15 % **Wanderpfade:** 85 %

Charakteristik: Auf dieser Wanderung erwartet Sie bereits nach 30 Minuten ein tolles Gipfelpanorama auf dem Salzburger Hochthron. Danach führt die Tour am Kamm zwischen den Latschen entlang, bis Sie an der Mittagsscharte auf den für seine in den Fels geschlagenen Galerien und Tunnels bekannten Thomas-Eder-Steig treffen. Hier ist Trittsicherheit unbedingt erforderlich. Nach dem rasanten Abstieg erwartet Sie als krönender Abschluss die Schellenberger Eishöhle.

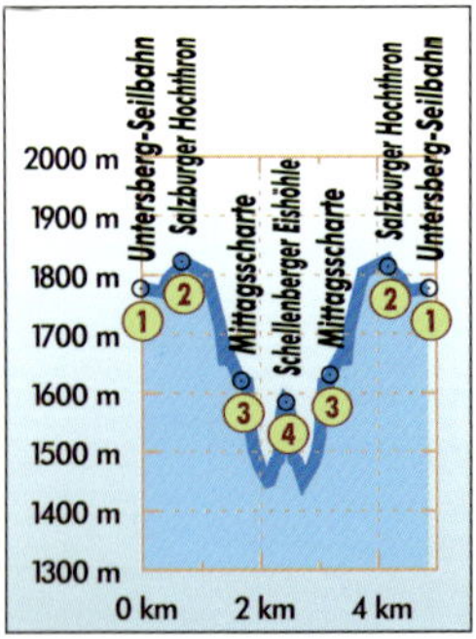

Markierung: Nr. 410 bis zur Mittagsscharte, danach Nr. 463 Richtung Toni-Lenz-Hütte.

Anreise/Abreise: Mit den Buslinien 836 und 840 zur Haltestelle „Grödig, Untersbergbahn". Mit dem Auto über die B 305 auf die B 160, in St. Leonhard links Richtung Grödig. Parkplatz an der Talstation der Untersbergbahn.

Tipp: Nehmen Sie sich 1 Stunde mehr Zeit und erkunden Sie die Eishöhle auf einer Führung der Höhlenvereins Markt Schellenberg. Die Führungen beginnen zu jeder vollen Stunde am Sammelplatz, ein kundiger Höhlenforscher lässt Sie die Eishöhle entdecken und verstehen. Die Eishöhle kann nicht auf eigene Faust erkundet werden.

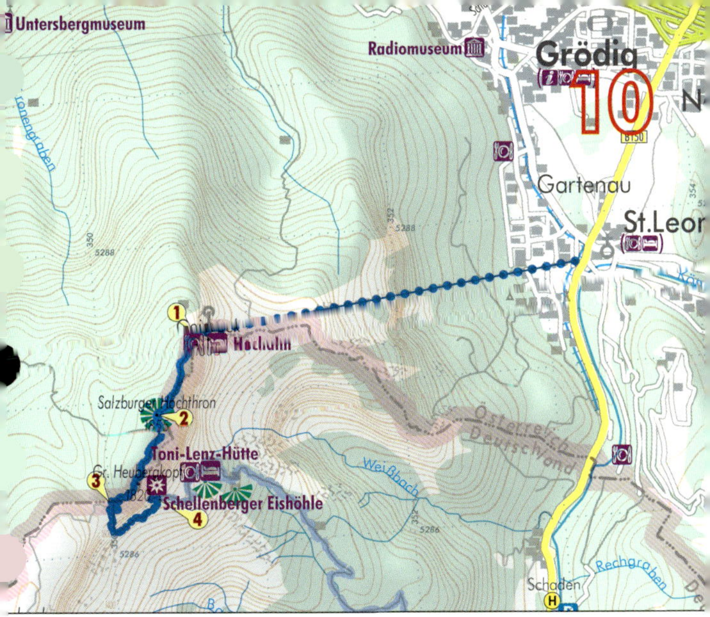

Grödig (A)

PLZ: 5082; Vorwahl: 06246

- **Gemeindeamt**, Dr.-Richard-Hartmann-Str. 1, ✆ 721060
- **Tourismusverband**, Gartenauerstr. 8, ✆ 73570
- **Untersbergbahn**, ✆ 724770, Betriebszeiten: Dez.-Feb. 9-16 Uhr, März-Juni 8.30-17 Uhr, Juli-Sept. 8.30-17.30 Uhr, Okt.-Nov. 8.30-17 Uhr
- **Radiomuseum**, Hauptstr. 3, ✆ 72857, ÖZ: Mi 15-19 Uhr od. n. V. Thema: Geschichte und Entwicklung des Radios.
- **Untersberger Marmormuseum**, ✆ 76411 od. ✆ 74096, ÖZ: Mai-Okt., Sa, So, Fei 13-18 Uhr, Nov.-April, Sa, So, Fei 13-17 Uhr

1 **0,0 (1.745)** Die Tour beginnt an der Bergstation der Untersberg-Seilbahn ~ auf dem breiten, ansteigenden Kiesweg in alpinem Rasen geradeaus auf den Salzburger Hochthron zu, rechts an der Hochalm vorbei.

Hochalm

Hochalm, ganzjährig geöffnet

Nach gut 400 m wird der Kiesweg nach einem kurzen Abstieg zum steinigen Pfad ~ auf diesem in Kehren und mit einigen Holzstufen bergauf.

2 **0,7 (1.850)** Auf dem Gipfel des Salzburger Hochthrons laden Bänke zur Rast.

Auf dem Salzburger Hochthron

ab, Trittsicherheit hier unbedingt erforderlich.

TIPP An einigen Stellen des Thomas-Eder-Steigs fällt das rote Gestein auf. Es handelt sich um kleine Bauxitlager, die aus im Jungtertiär gebildeten tropischen Roterdeböden entstanden sind.

Salzburger Hochthron (1.852 m)

Vom Salzburger Hochthron auf dem Untersberg bietet sich ein herrliches Panorama über das Vorland und Salzburg, bis hin zu Dachstein, Tennengebirge und Steinernem Meer.

Auf der anderen Gipfelseite auf dem Pfad bergab ~ auf diesem teils steinigen, teils gerölligen, von Latschen gesäumten Pfad am Kamm mit wechselnden kurzen An- und Abstiegen gut 1 km weiter ~ den abzweigenden Pfad nach rechts zum Störhaus lassen Sie außer Acht, ebenso die zweite Abzweigung nach ca. 100 m.

3 1,9 (1.635) An der **Mittagsscharte** fällt die Felswand steil ab ~ ab hier weiter auf dem eindrucksvollen, gut versicherten **Thomas-Eder-Steig** in steilen Holzleitern mit hunderten von Stufen, in den Fels geschlagenen Galerien und Seilversicherungen zügig bergab, Trittsicherheit hier unbedingt erforderlich.

Am Ende des Steigs auf dem Geröllpfad weiter am Hang entlang zu den kleinen Schuttflächen ~ nach gut 120 m links hinauf zur Schellenberger Eishöhle abzweigen.

4 2,4 (1.590) Am Holzgatterl des Sammelplatzes für Führungen in die Eishöhle warten Sie auf den verantwortlichen Höhlenforscher, der Sie zum Ende der Tour, der Schellenberger Eishöhle, führt.

Schellenberger Eishöhle s. S. 53

Sie wandern auf dem selben Weg zurück zum Ausgangspunkt.

ANSCHLUSS Alternativ können Sie auch über die Tobi-Lenz-Hütte nach Marktschellenberg absteigen (vgl. Tour 9).

1 4,9 (1.745) Die Tour endet wieder an der Bergstation der Untersbergbahn.

Grödig (A)

leicht

Tour 11 Almbachklamm

8,6 km

Start/Ziel: **Marktschellenberg, Bushaltestelle Kugelmühle**

Gehzeit: **3 Std.** Aufstieg: **355 m** Abstieg: **355 m**

Hartbelag: **33 %** Wanderwege: **3 %** Wanderpfade: **64 %**

Charakteristik: Die 2,5 Kilometer lange Almbachklamm mit ihren Wasserstürzen gehört zu den schönsten Schluchten der Bayerischen Alpen. Es erwartet Sie eine abwechslungsreiche Wanderung vorbei an kleinen Gumpen und Wasserfällen bis zur Theresienklause, die bis in die 1960er Jahre zu Holztriftzwecken verwendet wurde. Danach geht es weiter zu den saftigen Almböden nach Hinterettenberg und zur Wallfahrtskirche in Ettenberg, bevor der Weg zügig über die Hammerstielwand zurück zur Kugelmühle führt.

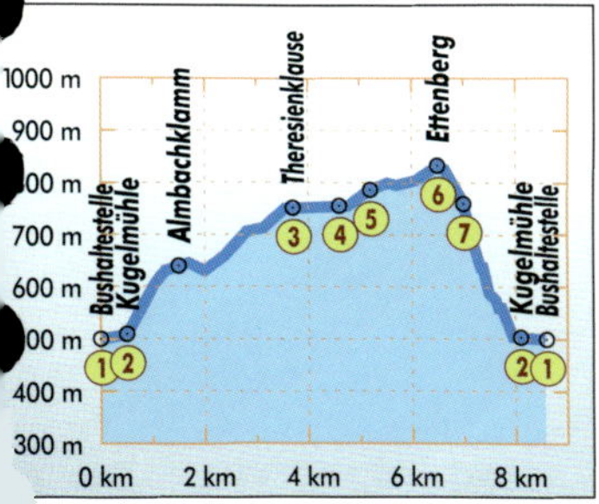

Markierung: Gut ausgeschildert, teils mit gelben Alpenvereinsmarkierungen, teils mit ortseigener Beschilderung.

Anreise/Abreise: Mit den Buslinien 836 und 840 zur Haltestelle „Kugelmühle". Mit dem Auto über die B 305, Parkplatz direkt an der Kugelmühle.

Marktschellenberg s. S. 55

1 **0,0 (500)** Sie starten die Tour an der Bushaltestelle „Kugelmühle Abzw." ~ die Berchtesgadener Ache überqueren und links zur Kugelmühle.

2 **0,5 (500)** Am Gasthaus Kugelmühle treffen Sie linker Hand auf Deutschlands letzte Kugelmühle.

Kugelmühle

Gasthaus Kugelmühle, ÖZ: Mo, Di 11.30-17 Uhr, Mi-So 11.30-19.30 Uhr

Kugelmühle (1683). In der letzten noch erhaltenen Marmorkugelmühle Deutschlands werden aus Untersberger Marmor kleine Marmorkugeln hergestellt. Die Mühle wird vom Wasser des Almbachs angetrieben.

Am Gasthaus vorbei auf dem Kiesweg zum Kassenhäuschen der Almbachklamm ⤳ nach der Kasse geradeaus ⤳ entlang des erst breiten, dann sich in enge Schluchten einschneidenden Almbachs gemächlich bergauf ⤳ der Weg ist mit zahlreichen Stufen, Stegen und Seilen versehen- und wechselt oft die Klammseite.

Almbachklamm

Der Almbach hat sich im Laufe der Zeit in den Ramsauer Dolomit eingegraben und so eine der beeindruckendsten Schluchten der Bayerischen Alpen geschaffen. Der 1894 angelegte Weg durch die Klamm umfasst 320 Stufen, einen Tunnel und 29 Brücken, der Höhenunterschied beträgt etwa 200 Meter. Die gebührenpflichtige Klamm ist von Mai bis Oktober geöffnet.

In der Almbachklamm

Die zwei Abzweigungen in Richtung Ettenberg auf der rechten Klammseite ignorieren ⤳ kurz nach der zweiten Abzweigung nach Ettenberg auf der langen Treppe den Hang hinauf und sogleich wieder hinunter ⤳ an der Verzweigung nach der Diensthütte rechts halten.

3 **3,7 (745)** Die Staumauer der zu Holztriftzwecken erbauten **Theresienklause** überqueren, Sie haben einen tollen Blick in den oberen Talbereich des Almbaches ⤳ auf dem schmalen, mit einem Seil versehenen Pfad am Hang nach rechts oben, Schwindelfreiheit ist hier von Vorteil ⤳ auf dem schattigen, später breiteren Pfad ca. 1 km weiter, die beiden Abzweigungen nach rechts zur Almbachklamm nicht beachten.

4 **4,6 (770)** Auf der Wiese angekommen neben den Bäumen am rechten Wiesenrand entlang ⤳ bei Einmündung auf den ruhigen asphaltierten Weg nach links, im waldfreien Stück bietet sich ein herrlicher Blick auf Watzmann und Untersberg.

5 **5,2 (800)** An der Kreuzung am Bildstock nach rechts Richtung Kirche Ettenberg ⤳ an den zwei Holzgebäuden linker Hand

rechts auf den Kiesweg ~ nach wenigen Metern führt dieser wieder auf die Asphaltstraße, dieser 1 km lang folgen.

6 **6,5 (820)** Die Straße gabelt sich vor der Wallfahrtskirche in Ettenberg, der Mesnerwirt bietet hier eine beliebte Einkehrmöglichkeit.

Ettenberg

Gasthaus Mesnerwirt, ✆ 08650/245, ÖZ: Di-So

Wallfahrtskirche Mariä Heimsuchung (1723-1727)

Die Route führt an der Gabelung rechts ~ nach links in die Sackgasse ~ am Ende des Asphaltweges auf den Wiesenpfad schräg nach links ~ rechts an der Hecke entlang und am Wiesenrand hinab, Sie blicken auf den Hohen Göll.

7 **7,0 (790)** Zwei Bänke laden zur Rast, bevor der Pfad in den Wald der Hammerstielwand eintaucht ~ dem zunehmend wurzeligen und mit zahlreichen Holzstufen versehenen Pfad folgen Sie in teils engen Kehren den bewaldeten Hang hinunter ~ der Pfad endet direkt an der Asphaltstraße, die zum Parkplatz führt.

2 **8,1 (500)** Auf dem bekannten Weg zurück zur Bushaltestelle.

1 **8,6 (500)** Sie sind wieder am Ausgangspunkt angekommen.

Marktschellenberg

leicht

Tour 12 — 9,8 km

Sagenhafte Wanderung in Oberau

Start/Ziel: Oberau, Bushaltestelle Post

Gehzeit: 3½ Std. **Aufstieg:** 445 m **Abstieg:** 445 m

Hartbelag: 19 % **Wanderwege:** 58 % **Wanderpfade:** 23 %

Charakteristik: Eine leichte Wanderung rund um Oberau mit stillen Momenten an sagenumwobenen Orten und grandiosen Ausblicken auf den Salzburger und Berchtesgadener Hochthron sowie auf die saftigen Weiden des Oberauer Sattels. Trotz der Nähe zur Roßfeldpanoramastraße finden Sie hier Ruhe und stille Orte.

Markierung: Als „Sagenhafte Wanderung" gekennzeichnet.

Anreise/Abreise: Mit dem Bus 848 von Berchtesgaden bis zur Haltestelle „Oberau-Post", mit dem Auto über die B 319 nach Oberau. Wanderparkplatz unterhalb der Bushaltestelle.

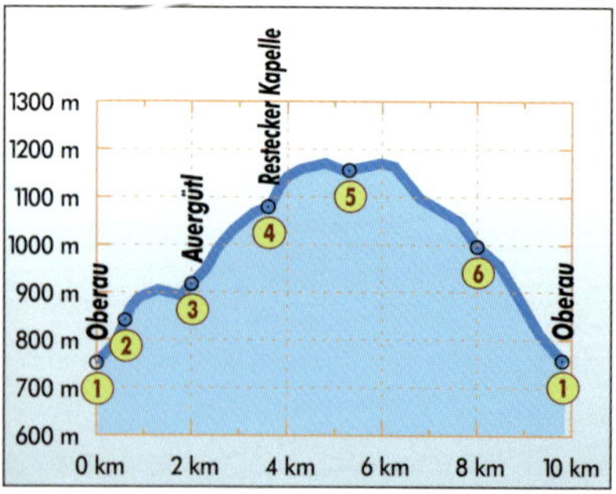

Oberau

Tourist-Information Oberau, Roßfeldstr. 22, ✆ 08652/964960, www.berchtesgaden-oberau.de

Der beliebte Urlaubsort Oberau erstreckt sich auf einer Höhenlage von 500-1.550 Metern. Im Ortszentrum gibt es mehrere gemütliche Einkehrmöglichkeiten.

1 **0,0 (760)** Sie starten am kleinen Wanderparkplatz an der Roßfeldstraße in Oberau und folgen der Straße bergauf ~ beim Gasthaus zur Post auf die schräg rechts abzweigende Asphaltstraße ~ an der nächsten Gabelung rechts auf dem ruhigen Asphaltweg bergauf ~ nach 200 m in einer Rechtskurve bei einer Kapelle den Bach überqueren, dann über den ruhigen **Weißensteiner Weg** mit zahlreichen Sitzgelegenheiten weiter an Höhe gewinnend bis zur Kehre.

2 **0,6 (810)** Im Scheitel der Linkskurve auf dem rechter Hand abzweigenden Kiesweg in den Wald ~ diesem erst leicht ansteigenden, dann auf gleicher Höhe bleibenden Weg 1,5 km lang um den Hang herum folgen.

3 **2,0 (925)** Am links vom Weg gelegenen Bergbauernhof **Au-**

Feldweg beim Auergütl

ergütl wird der Pfad zu einem Asphaltweg, hier geradeaus.

TIPP Auf dem Bergbauernhof Auergütl gibt es Montag und Donnerstag ab 17 Uhr einen Ab-Hof-Verkauf eigens hergestellter Milch- und Wollprodukte.

Nach dem ersten Hof auf der rechten Seite nach rechts auf den guten, leicht ansteigenden Feldweg ⤳ an der Kreuzung rechts, am alten Holzgebäude vorbei, dann über die Brücke ⤳ auf dem stetig ansteigenden Kiesweg im Wald alle abzweigenden Wege ignorieren.

4 **3,6 (1.070)** In der scharfen Linkskurve liegt rechter Hand die Restecker Kapelle mit einer Sitzbank.

Die **Restecker Kapelle** wurde 1945 bei einem Bombenangriff zerstört und 1985 wieder aufgebaut.

Links in den grasigen, aber breiten Weg abbiegen ⤳ diesem fast auf gleicher Höhe bleibenden Weg folgen Sie ca. 2,5 km.

5 **5,3 (1.130)** Aus dem Wald heraus kommend überqueren Sie eine Brücke, nach dieser rechts auf den Wiesenpfad ⤳ erst gehen Sie am rechten Wiesenrand, dann ab der Ahorngruppe über die Wiese zum Feldkreuz ⤳ am Feldkreuz links zur Roßfeldstraße, diese überqueren Sie schräg nach rechts zum Parkplatz ⤳ vor der Informationstafel links in den Kiesweg hinein und geradeaus ⤳ nach 1 km biegen Sie kurz vor der Roßfeldstraße rechts ab in den Pfad, der leicht bergab führt ⤳ nachdem Sie diesem ca. 1 km lang gefolgt sind, queren Sie erst schräg rechts eine Forststraße und treffen dann auf einen größeren, querenden Pfad, wo Sie links gehen.

6 **8,0 (965)** Wieder an der Roßfeldstraße angelangt, gehen Sie diese am Straßenrand nach rechts bergab ⤳ bei der zweiten Asphaltstraße linker Hand nach links ⤳ nach wenigen Metern rechts auf den Feldweg ⤳ an der Gabelung links in den „Mäuslegraben" ⤳ am Bach entlang treffen Sie dann auf eine Asphaltstraße, hier geradeaus wieder zum Gasthaus zur Post.

1 **9,8 (760)** Sie sind wieder am Ausgangspunkt angelangt.

Oberau

mittel

Tour 13 — 4,8 km

Enzianhütte – Purtschellerhaus

Start/Ziel: Enzianhütte an der Roßfeldringstraße

Gehzeit: 2½ Std. **Aufstieg:** 460 m **Abstieg:** 460 m

Hartbelag: 0 % **Wanderwege:** 55 % **Wanderpfade:** 45 %

Charakteristik: Das Purtschellerhaus ist ein beliebter Ausgangspunkt für Klettertouren zum Hohen Göll. Aufgrund der hervorragenden Aussicht von der Panoramaterrasse ist das Haus aber auch ein lohnenswerter Zielpunkt dieser kurzen Wanderung am Roßfeld. Der Hinweg verläuft auf deutscher Seite, der Rückweg über Österreich, das Purtschellerhaus selbst liegt genau auf der Grenze. Da die Tour relativ kurz und ungefährlich ist, eignet sie sich hervorragend für Kinder. Gutes Schuhwerk ist aber erforderlich, die Pfade können sehr matschig sein.

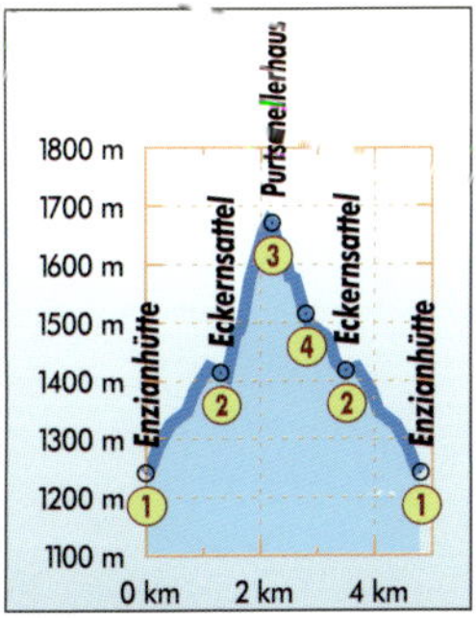

Markierung: Durchgehende (DAV-)Markierung.

Anreise/Abreise: Von Berchtesgaden über den Obersalzberg zur mautpflichtigen Roßfeldhöhenringstraße (B 999). Neben der Tafel „Roßfeldstraße 1.200 m ü. NN" ist der kleine Wanderparkplatz Enzianhütte. Derzeit keine Anbindung an den öffentlichen Nahverkehr.

Enzianhütte

Die Brennerei Eckerleiten, auch „Enzianhütte" genannt, gehört zur in Berchtesgaden ansässigen Firma Grassl, der ältesten Enzianbrennerei Deutschlands. In den Hochlagen des Berchtesgadener Talkessels betreibt das Unternehmen mehrere Brennhütten, die wohl bekannteste ist die Brennhütte am Priesberg (vgl. Tour 26).

Roßfeldhöhenringstraße

Die an der Enzianhütte vorbeiführende Straße ist die Roßfeldhöhen-

Blick auf das Roßfeld

ringstraße, mit bis zu 1.560 m ü. NN die höchste durchgehende Straße Deutschlands. Von der Straße bieten sich hervorragende Ausblicke sowohl nach Österreich als auch auf die Bayerischen Alpen. Der Bau der Straße wurde 1938 als Teil einer geplanten Abschlussschleife der Deutschen Alpenstraße begonnen. Das letzte fehlende Teilstück der Roßfeldringstraße wurde erst 1955 eröffnet, die Abschlusschleife der Alpenstraße bzw. der Abschnitt zwischen dem Königssee und dem Parkplatz Hinterbrand wurde nie fertiggestellt.

1 0,0 (1.230) An der Enzianhütte der Beschilderung Richtung Purtschellerhaus folgen und an der Schranke vorbei ⤳ der breite Fahrweg führt abwechselnd über die Almwiesen und durch den Wald bergauf.

Eckernsattel

2 1,3 (1.410) Am **Eckernsattel** auf der deutsch-österreichischen Grenze treffen Sie auf einen weiteren breiten Fahrweg ⤳ hier rechts und am Wegkreuz in den oberen der beiden zum Purtschellerhaus beschilderten Wege.

ACHTUNG Dieser Weg über den Eckerfirst kann nach Regenfällen sehr matschig sein. Alternativ können Sie über den mit der Nummer 451 beschilderten Abstiegsweg zum Purtschellerhaus aufsteigen, müssen dann aber auf dem selben Weg zurückgehen.

Der kleine Pfad führt steil am Bergrücken entlang bergauf, teilweise auch über Holzstufen ⤳ nach dem zweiten Drehgatter durch den Wald, weiter steil bergauf ⤳ am dritten Drehgatter blicken Sie zum ersten Mal auf das Purtschellerhaus ⤳ über eine Freifläche und durch ein erneutes Drehgatter, kurz darauf haben Sie das Ziel der Tour erreicht.

Purtschellerhaus

Purtschellerhaus, ✆ 08652/2420, ÖZ: Mai-Okt.

Das Purtschellerhaus liegt direkt auf der Grenze, ein Drittel des Gebäudes liegt in Deutschland und zwei Drittel in Österreich. Der Grenzverlauf wird durch einen Farbstrich auf dem Boden markiert. Von der Panoramaterrasse genießen Sie eine grandiose Aussicht auf die umliegende Bergwelt und bis ins Alpenvorland.

Purtschellerhaus

3 **2,2 (1.690)** Am Purtschellerhaus rechts Richtung Eckernsattel ~ der Abstiegspfad führt über eine steinige Fläche mit wenig Vegetation in Serpentinen bergab.

4 **2,8 (1.520)** Ab der Wassertränke führt der Weg Richtung Nordwesten ~ durch ein kurzes Waldstück, anschließend über eine kleine Lawinenfurche ~ am **Eckernsattel** treffen Sie auf den Anstiegsweg.

Eckernsattel

2 **3,5 (1.410)** Auf dem Anstiegsweg wieder hinunter zur Enzianhütte.

1 **4,8 (1.230)** Die Wanderung endet am Ausgangspunkt.

Enzianhütte

Berchtesgaden

PLZ: 83471; Vorwahl: 08652

- **Zweckverband Tourismusregion Berchtesgaden-Königssee,** Königsseer Str. 2, ✆ 9670, www.berchtsgadener-land.info
- **Tourismusbüro**, Maximilianstr. 9, ✆ 9445300, www.berchtesgaden.de
- **Nationalpark-Infostelle**, Franziskanerpl. 7, ✆ 64343, ÖZ: tägl. 9-17 Uhr. Verschiedene Ausstellungen, Kinderecke. Im Jahr 2012 soll das neue Informationszentrum „Haus der Berge" eröffnet werden, Infos unter www.haus-der-berge.de
- **Heimatmuseum-Schloss Adelsheim**, Schroffenbergallee 6, ✆ 4410, ÖZ: ganzjährig, Di-So 10-16 Uhr. Sammlung einheimischer Kunst und Kultur: Holzschnitzereien, Trachten, Spanschachteln, Möbel.
- **Dokumentation Obersalzberg**, Salzbergstr. 41, ✆ 947960, ÖZ: Apr.-Okt., tägl. 9-17 Uhr; Nov.-März, Di-So 10-15 Uhr. In einer multimedialen Ausstellung informiert die Dokumentation über die Geschichte des Obesalzberges während der nationalsozialistischen Zeit (vgl. Tour 14).
- **SalzZeitReise im Erlebnisbergwerk Berchtesgaden**, ✆ 60020, Einfahrtszeiten: Mai-Okt., tägl. 9-17 Uhr; Nov.-April, 11.30-15 Uhr. Die Besichtigung dauert eine Stunde. Auf Grubenwägen und in der traditionellen Bergmannstracht gekleidet fahren Sie in die Grube ein.
- **Königliches Schloss**, Schlosspl. 2, ✆ 947980, ÖZ: ganzjährig. Die Kunstsammlung umfasst Werke, Plastiken, Mobiliar, Tapisserien und Nymphenburger Porzellan vom 15.-19. Jh.
- Der **historische Orstkern** von Berchtesgaden ist reich an Plätzen, Bürgerhäusern und anderen Sehenswürdigkeiten.
- **Erlebnisbad Watzmann Therme**, Bergwerkstr. 54, ✆ 94640. Abwechslungsreiche Badelandschaft mit Rutschen, Strömungskanal, Dampfbad, Sauna, Solarium.

Blick von der Kneifelspitze auf Berchtesgaden und das Königsseer Tal

Berchtesgaden ist der namensgebende Hauptort des Berchtesgadener Landes und der Berchtesgadener Alpen. Die Gemeinde ist umgeben von einer wunderschönen Bergszenerie, Wahrzeichen der Stadt ist der 2.713 Meter hohe Watzmann.

Einst der Hauptort einer Fürstpropstei, wurde Berchtesgaden nach der Säkularisation 1810 dem Königreich Bayern angegeliedert. Fortan wurde Berchtesgaden zur Sommerresidenz der bayerischen Könige, die im Königlichen Schloss residierten und die umliegenden Berge als Jagdrevier schätzten.

Wie in Bad Reichenhall spielte auch in Berchtesgaden das Salz schon immer eine wichtige Rolle in der Entwicklung der Gemeinde. Die Sole wird auch an den Kurbetrieb der Stadt geliefert, wo sie stark verdünnt bei der Therapie von Hautkrankheiten zur Anwendung kommt. Das gesamte Kurgebiet gehört zum UNESCO-Biosphärenreservat Berchtesgaden.

leicht

Tour 14 — 3,1 km

Lindeweg am Obersalzberg

Start: Berchtesgaden, Bergstation Obersalzbergbahn

Ziel: Berchtesgaden, Dokumentation Obersalzberg

Gehzeit: 1 Std. **Aufstieg:** 95 m **Abstieg:** 160 m

Hartbelag: 29 % **Wanderwege:** 55 % **Wanderpfade:** 16 %

Charakteristik: Wenn Sie einen Besuch in der Dokumentation Obersalzberg mit einer kleinen, aussichtsreichen Wanderung verbinden wollen, empfiehlt sich der Spaziergang auf dem Lindeweg. Mit der Salzbergbahn schweben Sie auf das Aussichtsplateau oberhalb von Berchtesgaden, auf dem gut behehbaren Panoramaweg wandern Sie dann etwa 3 Kilometer bis zur Dokumentation.

Markierung: Als Nr. 9 „Carl-von-Linde-Weg", nicht verwechseln mit dem ebenfalls beschilderten „Oberen Lindeweg".

Anreise/Abreise: Die Talstation der Salzbergbahn liegt im Zentrum von Berchtesgaden, direkt am Ufer der Berchtesgadener Ache. Alternativ können Sie mit dem Bus 838 zur Haltestelle „Sonneck Gasthof" fahren, die sich neben der Bergstation befindet. Rückfahrt von der Dokumentation nach Berchtesgaden ebenfalls mit dem Bus 838.

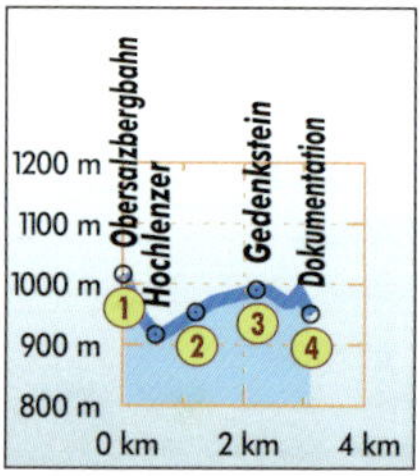

Berchtesgaden s. S. 70

Sonneck, ÖZ: Mi-Mo

Obersalzbergbahn, ✆ 08652/2561, Betriebszeiten: Sommer 9-17.20 Uhr, Winter 9.30-16.20 Uhr

1 **0,0 (1.015)** Von der Bergstation der Obersalzbergbahn rechts auf den bergab führenden Asphaltweg geradeaus über den Querweg bergab an der **Rodelbahn** vorbei zum Gasthof Hochlenzer, wo Sie auf den Lindeweg treffen.

Carl von Linde

Carl von Linde (1842-1934) war Unternehmer und Wissenschaftler. Er gilt als Wegbereiter der Kältetechnik so-

An der Sommerrodelbahn Hochlenzer-Obersalzberg

wie der Industriegasetechnologie, die von ihm gegründete Linde AG ist heute ein international tätiger Großkonzern.

Carl von Linde hatte einen Zweitwohnsitz am Obersalzberg in Berchtesgaden. 1895 legte er für die Gäste des Obersalzbergs den so genannten „Lindeweg" an, einen Höhenweg 400 Meter über Berchtesgaden mit herrlichen Ausblicken auf das Tal und die umliegende Bergwelt.

Hochlenzer

Alpengasthof Hochlenzer, ✆ 08652/2105, ÖZ: Di-So bis 20 Uhr

Sommerrodelbahn Hochlenzer-Obersalzberg, ÖZ: April-Nov. 10-18 Uhr, bei Regen geschlossen. Die 600 m lange Rodelbahn verfügt über drei Steilwandkurven.

An der Panoramaterrasse des Gasthofes rechts, Sie genießen eine wunderbare Aussicht u. a. auf Berchtesgaden, Watzmann und Untersberg ~ am Ende des Betons rechts in den ansteigenden Wanderpfad ~ kurz darauf wird der Weg wieder breiter ~ auf gleichbleibender Höhe am Hang entlang durch den Wald, unter der Seilbahntrasse durch.

2 **1,2 (965)** Geradeaus über den breiten Forstweg ~ neben der Steinmauer einen weiteren Forstweg queren, im Winter wird dieser Weg als Rodelbahn genutzt.

3 **2,2 (975)** Vorbei am Gedenkstein für Carl von Linde ~ auf dem nun schmaleren Weg weiter am Hang entlang ~ an der T-Kreuzung rechts ~ an der Gabelung neben dem kleinen See links halten, kurz darauf an der Straße nach rechts ~ nach 100 m links in den Zufahrtsweg zum Dokumentationszentrum.

4 **3,1 (950)** Die Tour endet an der Dokumentation Obersalzberg.

Berggasthof Obersalzberg

Obersalzberg

- Berggasthof Obersalzberg, ✆ 08652/9777520, ÖZ: Mai-Okt., 9-18 Uhr
- Dokumentation Obersalzberg, ✆ 08652/947960, ÖZ: April-Okt., tägl. 9-17 Uhr, Nov.-März, Di-So 10-15 Uhr. Ständige Ausstellung des Instituts für Zeitgeschichte über die Geschichte des Obersalzbergs und der NS-Diktatur.

Der Obersalzberg war seit dem 19. Jahrhundert vom Fremdenverkehr geprägt. Das änderte sich ab 1923, als der Berg zum Feriendomizil Adolf Hitlers wurde. Nach seiner Wahl zum Reichskanzler erwarb Hitler 1933 das „Haus Wachenfeld" und ließ es zu einer repräsentativen Residenz, dem „Berghof", ausbauen. Hitler verbrachte oft mehrere Monate auf dem Obersalzberg und leitete von hier aus die Regierungsgeschäfte. Der Obersalzberg wurde zum „Führersperrgebiet", für die Öffentlichkeit war der einstige Erholungsort nicht mehr zugänglich. Die meisten Gebäude wurden im April 1945 bei einem Luftangriff der Royal Air Force zerstört. Die Ruinen des Berghofs, des Landhauses von Hermann Göring und der SS-Kaserne wurden 1952 gesprengt, erhalten blieben nur das Kehlsteinhaus (vgl. Tour 15) und die zwischen 1933 und 1945 errichteten Bunkeranlagen. Erst seit 1996, also seit dem Rückzug der vorher dort stationierten amerikanischen Soldaten, ist der Obersalzberg wieder vollständig für die Öffentlichkeit zugänglich. 1999 wurde die Dauerausstellung „Dokumentation Obersalzberg" eröffnet, darin wurden Teile der noch erhaltenen Bunkeranlagen

einbezogen. Das Gebäude des Dokumentationszentrums steht auf den Grundmauern des früheren Gästehauses.

AUSSTIEG Von der etwas oberhalb gelegenen Bushaltestelle können Sie mit dem Bus 838 zurück nach Berchtesgaden fahren.

Bei der Dokumentation Obersalzberg

mittel

Tour 15 16,6 km

Kehlsteinhaus

Start/Ziel: Berchtesgaden, Bergstation Obersalzbergbahn
Gehzeit: 6–7 Std. **Aufstieg:** 970 m **Abstieg:** 970 m
Hartbelag: 86 % **Wanderwege:** 12 % **Wanderpfade:** 2 %

Charakteristik: Am Obersalzberg, dem einstigen „Führersperrgebiet", wurden von der NSDAP im großen Stil Grundstücke gekauft und enteignet. Auf insgesamt 7 km² wurden Villen für die NS-Politprominenz und ein dichtes Wegenetz angelegt. Das bekannteste noch erhaltene Gebäude ist das Kehlsteinhaus, heute ein beliebtes Ausflugsziel mit hervorragender Panoramaaussicht und auch das Ziel dieser Wanderung. Viele der alten Asphaltwege aus NS-Zeiten werden derzeit in für die Forstwirtschaft besser geeignete, da breitere, Schotterstraßen umgebaut, ein paar der alten Asphaltwege werden auf dieser Wanderung zum Kehlsteinhaus aber noch benutzt. Beeindruckend ist der Schlussanstieg über die sogenannte Dalsenwinkelstraße, die die

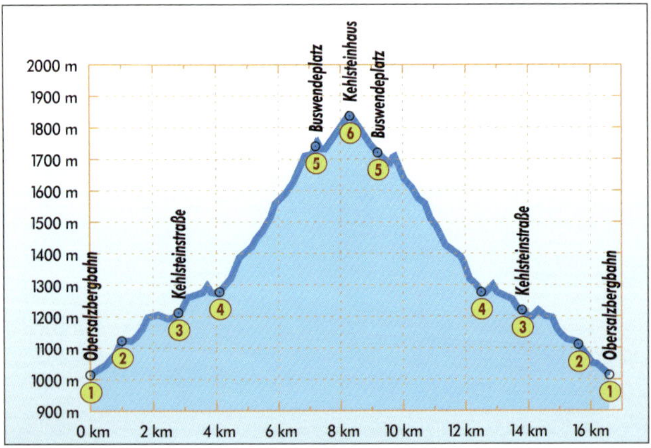

steile Nordwand des Kehlsteins quert und heute Fußgängern und Radfahrern vorbehalten ist.

Markierung: Etwas unzuverlässige Beschilderung Richtung Kehlsteinhaus (Nr. 37).

Anreise/Abreise: Die Talstation der Obersalzbergbahn liegt im Zentrum von Berchtesgaden, direkt am Ufer der Berchtesgadener Ache. Alternativ können Sie mit dem Bus 838 zur Haltestelle Gasthof Sonneck fahren, die sich neben der Bergstation befindet.

Tipp: Das Kehlsteinhaus ist auch mit dem RVO-Bus erreichbar, sodass Sie für die Rückfahrt den Bus wählen können (Achtung, Sondertarif!).

Berchtesgaden s. S. 70

Sonneck, ÖZ: Mi-Mo

Obersalzbergbahn, 08652/2561, Betriebszeiten: Sommer 9-17.20 Uhr, Winter 9.30-16.20 Uhr

1 **0,0 (1.015)** Sie beginnen die Wanderung an der Bergstation der Obersalzbergbahn ~ auf dem Fußweg zum **Gasthof Sonneneck** ~ kurz entlang der Straße bergauf ~ der Markierung Nr. 37 Richtung Kehlstein nach rechts in den Wald folgen

Kehlsteinhaus

~ geradeaus über die Forststraße ~ auf dem nun breiteren Weg relativ steil bergan.

2 **1,0 (1.075)** Am asphaltierten Querweg rechts ~ an der Gabelung des Asphaltweges links weiter.

3 **2,8 (1.160)** Die Kehlsteinstraße überqueren.

Kehlsteinstraße

Die Kehlsteinstraße mitsamt der fünf Tunnels wurde 1938 nach nur 13 Monaten Bauzeit eröffnet. Auf 6,5 Kilometern Länge werden mit nur einer einzigen Kehre und bis zu 24 Prozent Steigung 770 Meter Höhenunterschied überwunden. Die Straße verläuft auf der aussichtsreichen Südseite des Kehlsteins, während der Fahrt sind Blicke auf Berchtesgaden und den Königssee möglich. Die Straße darf nur von den Bussen der Kehlsteinlinie und nur in den Sommermonaten befahren werden. Bei den Bussen, die hier fahren, handelt es sich um Spezialanfertigungen, bei denen Motorleistung, Getriebe und Bremsen modifiziert wurden.

Weiter auf Asphalt bergauf ~ am Wendeplatz der von links kommenden Forststraße links halten, gleich danach an der Gabelung rechts und anfangs weiter bergauf.

4 **4,1 (1.270)** An der T-Kreuzung rechts in den breiten Forstweg ~ ab dem Holzlagerplatz ist der Weg wieder asphaltiert ~ Sie verlassen nun den Wald und wandern auf den nächsten Kilometern auf der sog. **Dalsenwinkelstraße** in steilen Serpentinen an der Nordseite des Kehlsteins bergauf ~ an freiliegenden Felsblöcken vorbei durch aufgelockerten Nadelwald, Sie blicken nach unten auf Salzburg und nach oben zum Kehlsteinhaus.

5 **7,3 (1.750)** Das kleine Asphaltsträßchen endet am Buswendeplatz unterhalb des Kehlsteinhauses, von der Aussichtsplattform genießen Sie einen grandiosen Ausblick auf das gesamte Berchtesgadener Land.

VARIANTE Vom Buswendeplatz können Sie bequem mit dem Kehlsteinlift hinauf zum Kehlsteinhaus schweben. Tickets für den Lift erhalten Sie an der Busabfahrtstelle.

Wenn Sie auch das letzte Stück hoch zum Kehlsteinhaus wandern wollen, folgen Sie bis kurz vor dem Fahrverbotsschild der Kehlsteinstraße ~ links auf den schmalen, asphaltierten Fußweg und in mehreren Serpentinen hinauf zum Kehlsteinhaus.

Kehlstein

Kehlsteinhaus, ✆ 08652/2969, ÖZ: Mai-Okt.

Das 1938 erbaute Kehlsteinhaus war ein Geschenk der NSDAP für Adolf Hitler zu dessen 50. Geburtstag. Das Haus war u. a. für die Bewirtung von prominenten Gästen vorgesehen, der Diktator selbst war aber nur äußerst selten dort.

Aufgrund seiner exponierten Lage auf einem Bergsporn knapp unterhalb des Kehlsteins wurde das Haus von den Amerikanern „Eagle's Nest" (Adlerhorst) genannt. Seit 1952 ist das Kehlsteinhaus an den Deutschen Alpenverein verpachtet, vor allem dank des hervorragenden Panoramablickes kom-

Blick vom Kehlstein auf den Königssee

men heute pro Jahr etwa 500.000 Besucher zum Kehlsteinhaus.

6 **8,3 (1.840)** Am Kehlsteinhaus haben Sie das Ziel der Tour erreicht.

AUSSICHT Vom etwa 300 m entfernten Gipfelkreuz auf dem Kehlstein haben Sie eine noch bessere Fernsicht.

Auf dem selben Weg zurück zum Ausgangspunkt.

AUSSTIEG Alternativ können Sie auch mit dem Bus zurückfahren, Sie müssen hierfür mindestens 1 Stunde vor der gewünschten Abfahrtszeit am Parkplatz einen Rückfahrschein lösen und sich für eine Abfahrtszeit eintragen lassen.

1 **16,6 (1.015)** Die Wanderung endet wieder an der Bergstation der Obersalzbergbahn.

leicht

Tour 16 Endstal

5,8 km

Start/Ziel: Obersalzberg, Gasthof Graflhöhe

Gehzeit: 2 Std. **Aufstieg:** 260 m **Abstieg:** 260 m

Hartbelag: 51 % **Wanderwege:** 38 % **Wanderpfade:** 11 %

Charakteristik: Der gemütliche Rundweg ins Endstal startet an der Graflhöhe beim sogenannten „Windbeutelbaron". Bis zur bewirtschafteten Scharitzkehlalm sind Sie auf dem Carl-von-Linde-Weg (vgl. Tour 14) unterwegs. Im Endstal wandern Sie dann auf der Endstalstraße und der Ligeretstraße, beide teilweise asphaltiert, aber verkehrsfrei. Der Schlussabstieg zurück zur Graflhöhe ist der einzige Abschnitt, der über einen schmalen, steilen Pfad führt.

Markierung: Bis zur Scharitzkehlalm sehr gute Beschilderung, später nur noch kleine Holzschilder.

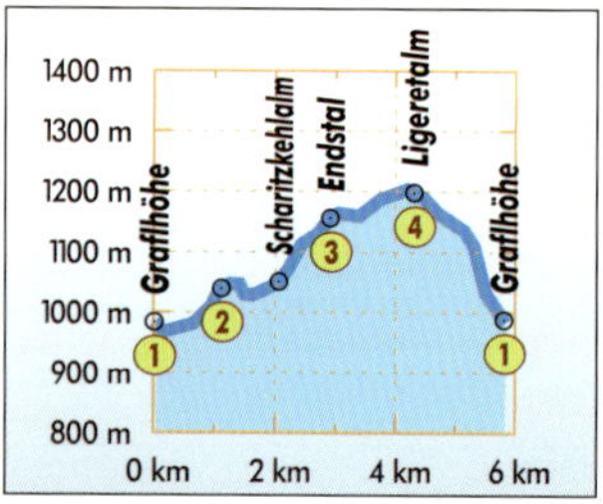

Anreise/Abreise: Mit dem Bus 838 bis zur Haltestelle Graflhöhe. Anreise mit dem Pkw über die Scharitzkehlstraße, Parkplätze bei Wegpunkt 2 und vor der Scharitzkehlalm.

Graflhöhe

Graflhöhe, ✆ 08652/2577, ÖZ: Do-Di bis 18 Uhr. Aufgrund der zahlreichen Variationen an Windbeuteln nennt man das Gasthaus auch „Windbeutelbaron".

1 **0,0 (985)** Von der Bushaltestelle Graflhöhe auf dem breiten Kiesweg hinunter zum Gasthof Graflhöhe mit der großen Panoramaterrasse ~ auf dem Lindeweg parallel zur Straße am Hang entlang ~ geradeaus über den Querweg ~ durch den kleinen Tunnel hoch zur Straße.

2 **1,1 (1.015)** Am Parkplatz die Straße überqueren ~ weiter Richtung Lindeweg und Ligeretalm, nun etwas stärker ansteigend ~ am Abzweig zur Ligeretalm rechts halten und leicht bergab ~ links auf die kleine Asphaltstraße.

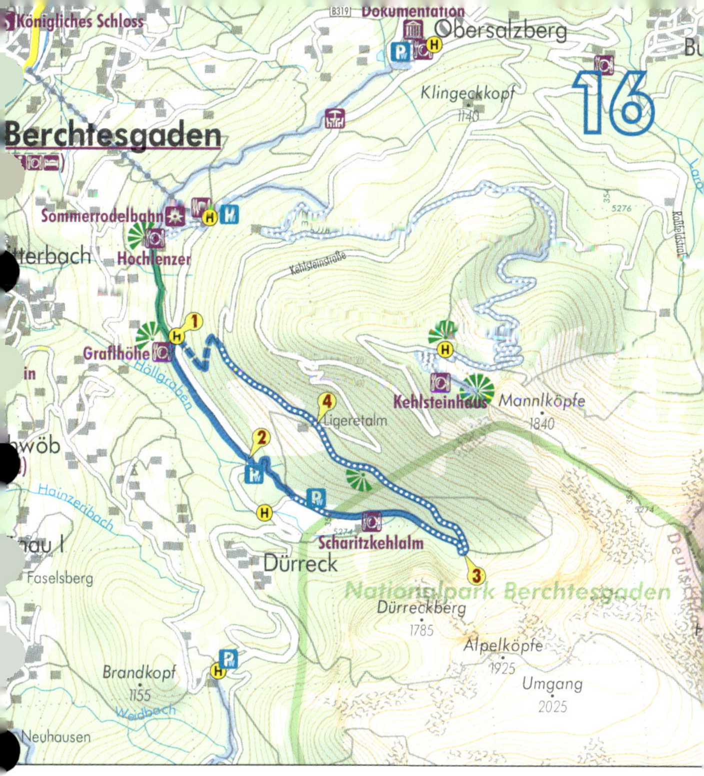

TIPP Vor sich sehen Sie das Endstal mit der Scharitzkehlalm im Vordergrund und der Westwand des Hohen Goll im Hintergrund.

Am Parkplatz endet der Asphalt ~ vorbei an der Scharitzkehlalm.

Die Scharitzkehlalm im Endstal

Ausblick von der Graflhöhe

Scharitzkehlalm

Scharitzkehlalm, ✆ 08652/2820, ganzjährig geöffnet

Der Weg ins Endstal führt durch den Bergwald weiter bergan ⤳ ab dem Wasserschutzgebiet ist der Weg asphaltiert.

3 **2,9 (1.135)** Der Weg beschreibt eine Serpentine nach links, Sie haben den Wendepunkt der Tour erreicht.

TIPP Auf dem kleinen Pfad können Sie geradeaus noch etwas weiter Richtung Talschluss wandern.

Der Weg steigt weiter an, schließlich mit Blick u. a. auf den Watzmann relativ eben am Hang entlang ⤳ an der (nicht bewirtschafteten) **Ligeretalm** vorbei.

Ligeretalm

4 **4,3 (1.205)** An der Abzweigung geradeaus weiter, vorbei am Wendeplatz ⤳ der weiterhin asphaltierte Weg führt nun bergab ⤳ noch bevor der Weg wieder ansteigt links in den Fußweg zum Windbeutelbaron ⤳ auf dem schmalen Pfad steil bergab.

1 **5,8 (985)** Der Pfad endet genau an der Bushaltestelle Graflhöhe, Sie haben also wieder den Ausgangspunkt der Tour erreicht.

ANSCHLUSS Wenn Sie noch weiterwandern wollen, können Sie dem Carl-von-Linde-Weg weiter Richtung Dokumentation Obersalzberg folgen (vgl. Tour 14).

Graflhöhe

leicht

Tour 17 — 5,4 km

Maria Gern – Kneifelspitze

Start/Ziel: Maria Gern

Gehzeit: 2½ Std. **Aufstieg:** 400 m **Abstieg:** 430 m

Hartbelag: 18 % **Wanderwege:** 56 % **Wanderpfade:** 26 %

Charakteristik: Die Kneifelspitze ist ein dem Untersberg vorgelagerter Aussichtsberg. Von der Gaststätte am Gipfel bietet sich ein grandioses Panorama auf Berchtesgaden und die umliegende Bergwelt mit Watzmann und Hochkalter, vom östlichen Nebengipfel außerdem auf Salzburg und das Alpenvorland. Von der Wallfahrtskirche in Maria Gern sind etwa 460 Höhenmeter zu bewältigen, aber auf sehr gut begehbaren Wegen, sodass es sich um eine relative leichte „Gipfelbesteigung" handelt.

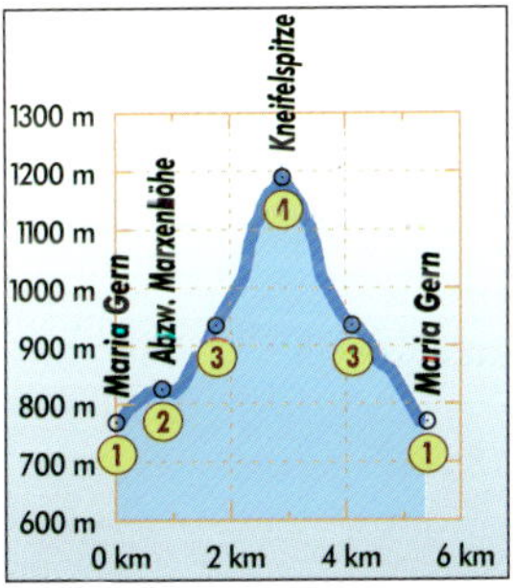

Maria Gern

Markierung: Gute Beschilderung mit gelben Tafeln.

Anreise/Abreise: Mit der Buslinie 837 bis zur Haltestelle Maria Gern. Mit dem Auto von Berchtesgaden bzw. Bischofswiesen auf der St 2100 bis zum Abzweig nach Hintergern, dieser Nebenstraße bis Maria Gern folgen.

Maria Gern

PLZ: 83471; Vorwahl: 08652

- Tourist-Information Berchtesgaden, Maximilianstr. 9, ✆ 9445300, www.berchtesgaden.de
- Maria Gern, ✆ 3440
- **Wallfahrtskirche Maria Gern.** Bereits seit 1600 sind Wallfahrten nach Maria Gern nachgewiesen. Die heutige Kirche wurde 1708-1710 erbaut, der Zwiebelturm 1723/24 ergänzt.

1 **0,0 (730)** Von der Bushaltestelle hinauf zur Wallfahrtskirche ⇝ auf

AUSSICHT Der kurze Abstecher zum Aussichtspunkt auf der Marxenhöhe ist sehr lohnenswert, bereits von hier haben Sie einen schönen Blick auf das unter Ihnen liegende Berchtesgaden sowie auf Watzmann, Hochkalter und das Steinerne Meer.

Marxenhöhe

Weiter auf dem Wanderweg durch das Drehgitter und über die Buckelwiese ⇝ durch ein zweites Drehgitter und wieder in

Blick von der Marxenhöhe auf den Watzmann

dem asphaltierten Kneifelspitzweg steil bergauf (29 % Steigung!) ⇝ an der Abzweigung rechts halten in den Fußweg Richtung „Kneifelspitze über Kneifellehen".

TIPP Hier sehen Sie die erste Hinweistafel des „Herz-Kreislauf Testwanderweg", außerdem begegnen Ihnen auf dem Anstiegsweg mehrere Infotafeln des „Kneifelspitzweges", die über Flora und Fauna am Wegesrand informieren.

2 **0,8 (820)** Am Abzweig zum Aussichtspunkt geradeaus weiter.

den Wald ⇝ an der T-Kreuzung links, der Weg steigt nun steiler an ⇝ an der Abzweigung am Weiler **Kneifellehen** erneut links, ⚠ nach 150 m rechts unter der Stromleitung hindurch.

3 **1,7 (945)** An der Gabelung, wo links der Direktabstieg nach Maria Gern abzweigt, geradeaus weiter Richtung Kneifelspitze ⇝ auf dem breiten Kiesweg stetig ansteigend durch den Wald ⇝ bei den zwei Rastbänken der scharfen Rechtskurve des Kies-

weges folgen ~ der Weg ist ab jetzt schmaler und führt deutlich steiler in Serpentinen aufwärts ~ an der T-Kreuzung links auf den breiten Fahrweg ~ nach dem steilen Schlussanstieg erreichen Sie schließlich die Kneifelspitze.

AUSSICHT Noch vor der Gaststätte zweigt links ein kurzer Wanderpfad zum „Salzburgblick" ab.

Kneifelspitze (1.190 m)

Berggaststätte Kneifelspitze (Paulshütte), ✆ 08652/62338, ÖZ: März-Okt., tägl. 9-18 Uhr, Nov.-Feb., Sa-So 9-18 Uhr

„Wen Gott lieb hat den läßt er fallen in dieses Land", steht am Gipfelkreuz. Wer die grandiose Aussicht auf Berchtesgaden und die umliegende Bergwelt genießt, mag den Satz vielleicht bestätigen.

4 **2,9 (1.190)** Vom Gipfel der Kneifelspitze auf dem selben Weg zurück bis Wegpunkt 3.

3 **4,1 (945)** Kurz vor der Stromleitung scharf rechts in den Direktabstieg nach Maria Gern ~ in Sichtweite des kleinen Weilers **Lauchlehen** an einer Blumenwiese entlang ~ am Ende des Weges rechts auf die kleine Asphaltstraße ~ auf der steilen Straße zurück nach Maria Gern.

1 **5,4 (730)** Die Tour endet wieder an der Bushaltestelle in Maria Gern.

Maria Gern

mittel

Tour 18 18,8 km

Berchtesgadener Hochthron

Start/Ziel: Hintergern, Gasthof Wildbach

Gehzeit: 8 Std. **Aufstieg:** 1.385 m **Abstieg:** 1.385 m

Hartbelag: 12 % **Wanderwege:** 17 % **Wanderpfade:** 71 %

Charakteristik: Der Rundweg auf den Berchtesgadener Hochthron führt zuerst recht zügig bis zu den Füßen der Rauhenköpfe, dann geht es auf gleicher Höhe bleibend den Stöhrweg entlang, bis Sie über das Leiterl auf die Hochfläche gelangen. Der Anstieg zum Stöhrhaus erfolgt über einen Schotterweg durch die Latschen, oben genießen Sie eine atemberaubende Aussicht. Vom Stöhrhaus sind nur noch 30 Minuten bis zum Gipfel

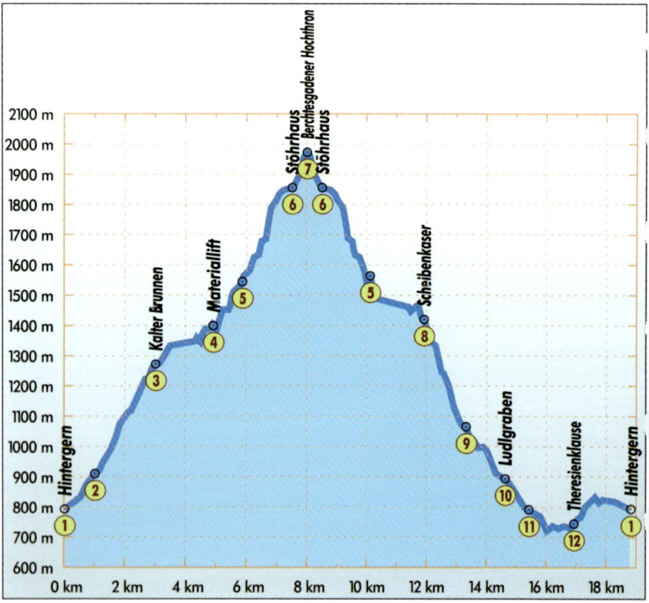

des Berchtesgadener Hochthrons. Zurück geht es über den wunderschönen Pfad zu Füßen der Südwände, dann folgt der Abstieg zu den Almböden von Ettenberg und über die Almbachklamm zurück nach Hintergern.

Berchtesgadener Hochthron

Markierung: Gelbe DAV-Beschilderungen, Nr. 410, 417 und 466.

Anreise/Abreise: Mit der Buslinie 837 bis zur Endhaltestelle „Hintergern“, dann der Asphaltstraße nach oben folgen, an der Gabelung links. Mit dem Auto von Berchtesgaden kommend von der St 2100 rechts nach Maria Gern abbiegen und der Straße bis Hintergern folgen.

Hintergern

PLZ: 83471; Vorwahl: 08652

Dürrlehen, Almbachweg 17, ✆ 3473, ÖZ: Fr-Mi

Wildbach

1 0,0 (795) Die Tour startet am Parkplatz vor dem **Gasthaus Wildbach** ⤳ auf dem ruhigen Asphaltweg bergauf ⤳ nach 90 m an der Gablung links halten ⤳ in einer großen Kehre auf dem Asphaltweg zwischen den Weiden zügig bergauf ⤳ am Spielplatz der Straße noch 200 m nach rechts folgen.

2 1,0 (920) Auf Höhe des rechter Hand liegenden Anwesens vor der Baumreihe links auf den Kiesweg ⤳ nach 80 m auf den Pfad, der nach rechts zur Wiese abbiegt ⤳ im Wald vereinigt sich der Pfad mit der Forststraße, der Sie weiter folgen ⤳ in der ersten Kehre danach zweigen Sie links ab ⤳ der breite Weg wird zu einem steinigen, teils wurzeligen Pfad, er führt in Kehren recht steil den bewaldeten Hang hinauf ⤳ Sie lassen alle weiteren Abzweigungen außer Acht und folgen dem Pfad.

3 2,9 (1.300) Am Holzbrunnen linker Hand des Pfades, dem „**Kalten Brunnen**“, können Sie sich nach dem anstrengenden Anstieg erfrischen ⤳ an der T-Kreuzung nach rechts auf den Stöhrweg ⤳ der Weg führt nun fast eben neben der Almbachwand in Richtung Hochthron, nach rechts immer wieder schöne Ausblicke.

4 4,8 (1.455) Am Häuschen des Materialliftes zum Stöhrhaus rechts vorbei und auf dem sogenannten „**Leiterl**" in zahlreichen Kehren durch Latschen und Gras mäßig bergauf.

5 5,7 (1.600) An der T-Kreuzung links auf den Pfad Richtung Stöhrhaus ~ auf dem Sattel angekommen erwarten Sie nach dem Holzgatter zwei Bänke mit schöner Aussicht ~ hinter den Bänken rechts auf dem deutlichen Schotterpfad durch die Latschen bergauf ~ nach ca. 1 km erblicken Sie das Stöhrhaus ~ relativ eben, bevor ein letzter Anstieg kommt.

6 7,5 (1.795) Fast an der Flanke der imposanten Felswand befindet sich das Stöhrhaus.

Stöhrhaus

Stöhrhaus, ✆ 08652/7233, ÖZ: Juni-Sept.

Von Stöhrhaus haben Sie eine atemberaubende Aussicht auf viele markante Berge der Berchtesgadener Alpen und darüber hinaus.

Vom Stöhrhaus sind es jetzt nur noch 30 Minuten über einen kleinen Schotterpfad (Nr. 410) bis hoch zum Gipfel des Berchtesgadener Hochthrons.

Berchtesgadener Hochthron (1.973 m)

Der Berchtesgadener Hochthron ist der höchste Gipfel im Massiv des Untersberges. Von hier oben überblicken Sie die gesamten Berchtesgadener Alpen, der Blick reicht auch in die Chiemgauer Alpen, ins Salzkammergut und ins Tennengebirge.

7 8,0 (1.975) Sie beginnen nun den Abstieg, bis zum Leiterl folgen Sie der Aufstiegsroute.

5 10,3 (1.600) Dort, wo Sie an der T-Kreuzung vorher nach links abgebogen sind, nun geradeaus weiter ~ der Pfad führt über fast 2 km zu Füßen der Südwände durch Latschen in leichtem Auf und Ab zum **Scheibenkaser**.

Stöhrhaus

8 12,0 (1.440) Vor dem Haus des Scheibenkasers rechts auf den Pfad in Richtung Rossboden abzweigen ~ in Kehren über die Almwiese bergab.

ACHTUNG: ⚠ Der Weg über die Almwiese ist bei Nässe extrem rutschig. Hier ist Vorsicht geboten.

18
Gamsalpkopf
1885
Berchtesgadener Hochthron
Stöhrhaus
Bannkopf
1660
Gr. Rauhenkopf
1605
Hinterettenberg
Almbach
Dürrlehen
Hintergern
Wildbach
Obergern
Maria Gern
Lauchlehen
Gschirrkopf
1030
Vordergern
Marxenhöhe
Merzenleiten
Hohenau
Bischofswiesen
Anzenbach
Rosenhof
Badderlehenkopf
755
Uhlmühle
Berchtesgaden
Königliches Schloss
Vorder
B305
B20

Wegverlauf zum Scheibenkaser

Im Wald die erste Abzweigung rechts außer Acht lassen, die Markierung sieht man hier nicht auf den ersten Blick ~ an der zweiten Abzweigung am Geländeeinschnitt am Bach rechts einbiegen und dem Pfad an der Geländefurche nach unten folgen ~ nach dem Bach weiter in Kehren durch den Wald bergab.

9 13,3 (1.085) Der Pfad geht in eine Forststraße über, dieser folgen Sie ca. 400 m ~ an der Gabelung links in Richtung Ettenberg ~ nach 200 m münden Sie wieder in die Forststraße ein, auf dieser nach links ~ Sie folgen weiter dem Hauptweg.

10 14,6 (900) Der Forstweg überquert den Ludlgraben ~ danach parallel zum Bach durch den Wald bergab ~ nach 600 m in der scharfen Rechtskurve auf den unbefestigten Wanderweg in Richtung Maria Gern ~ nach der Brücke gelangen Sie über die asphaltierte Straße zu den Häusern.

11 15,4 (800) An der Kreuzung mit dem Bildstock geradeaus ~ am Ende des Asphaltweges rechts auf dem Wiesenpfad an der Baumreihe entlang ~ auf dem teils schmalen Schotterpfad bergab, die beiden abzweigenden Pfade nach links nicht beachten ~ nach Überquerung der Holzbrücke über den Bachlauf auf schmalem Pfad wieder bergauf, Seilsicherung ist hier zum Festhalten vorhanden.

12 16,9 (740) Auf der Staumauer der **Theresienklause** über den Almbach, dann dem Pfad wenige Meter nach links folgen ~ nach Überquerung des kleinen Zulaufs bei der Verzweigung rechts auf den Pfad, dieser führt über einen nochmals anstrengenden Anstieg den Berg hinauf ~ nach dem Anstieg teilt sich der Pfad in zwei breite Wege, hier gehen Sie links in Richtung Hintergern/ Maria Gern ~ an der Verzweigung nach 300 m nach rechts in Richtung **Gasthaus Dürrlehen** ~ nach dem Gasthaus folgen Sie dem asphaltierten **Almbachweg** ~ an der T-Kreuzung links.

1 18,8 (795) Sie haben das Gasthaus Wildbach erreicht.

Hintergern

leicht

Tour 19 — 8,4 km

Maximilians-Reitweg

Start: Bischofswiesen, Bahnhof
Ziel: Hallthurm
Gehzeit: 2½ Std. **Aufstieg:** 265 m **Abstieg:** 160 m
Hartbelag: 12 % **Wanderwege:** 78 % **Wanderpfade:** 10 %

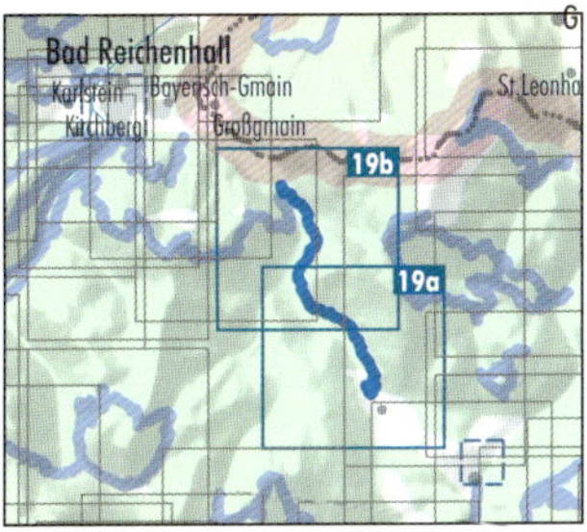

Charakteristik: Der einstige Reitweg von König Maximilian ist heute Fußgängern vorbehalten. Der Weg führt von Bischofswiesen nach Hallthurm meist am Talrand entlang, mal durch den Wald, mal über Wiesen mit schönen Blicken auf das Lattengebirge und die Westflanke des Untersberges.

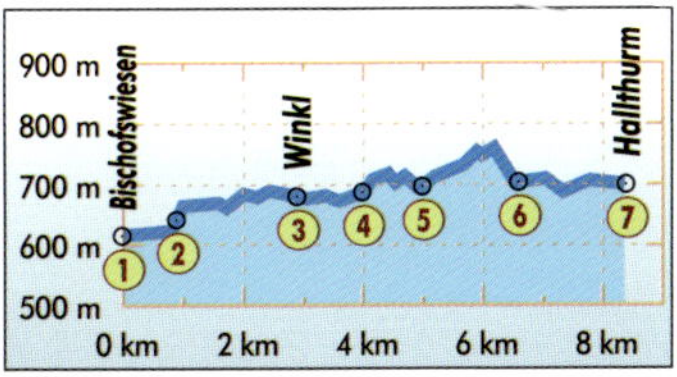

Die einfache Wanderung ist zu jeder Jahreszeit ein besonderes Vergnügen, am schönsten ist es im Herbst, wenn die Blätter im Tal bunt und die Berge im Hintergrund weiß sind.

Markierung: Gute Markierung, meist mit gelben Schildern.

Anreise/Abreise: Der Bahnhof Bischofswiesen liegt an der Strecke Freilassing – Bad Reichenhall – Berchtesgaden. Die Rückfahrt ab Hallthurm erfolgt derzeit mit dem Bus 841, die Reaktivierung des Bahnhofs in Hallthurm ist aber geplant.

Bischofswiesen

PLZ: 83403, Vorwahl: 08652

- **Tourist-Information**, Hauptstr. 40, ✆ 977220, www. bischofswiesen.de
- **Das längste Alphorn Deutschlands**, das aus einem Stück gefertigt worden ist, können Sie bei der Schreinerei Biermaier, Am Bahnhof 14, ✆ 7531, bewundern.
- **Naturbad Aschauerweiher**, Aschauerweiherstr. 85

Bischofswiesen verdankt seinen Namen einem Tauschgeschäft im Jahre 1155. Erzbischof Eberhard I. von Salzburg gehörte damals eine Wiese am Fuße der Kastensteinerwand, auf die der Stiftsprobst Heinrich I. als Abrundung seiner Güter in Berchtesgaden spekulierte. Als Gegenleistung übergab er dem Salzburger Erzbischof am 8. Mai 1155 ein ihm gehörendes Gut in Landersdorf/Oberwölbling in Niederösterreich. An den historischen Tausch erinnert der 1990 errichtete Dorfbrunnen beim Gasthof Brennerbräu.

1 0,0 (615) Am **Bahnhof** rechts in den Rad- und Fußweg ~ nach 250 m links über die Holzbrücke ~ die Bundesstraße überqueren, auf der anderen Straßenseite kurz links ~ rechts auf den **Rathausplatz** ~ geradeaus in die **Schulstraße** ~ in der Linkskurve geradeaus in den schmalen Fußweg ~ an der T-Kreuzung links in die Asphaltstraße, ab jetzt wandern Sie auf dem gut markierten Maximilians-Reitweg ~ nach 200 m rechts in den Wanderweg.

2 0,9 (625) Am Waldrand links ~ kurz steil bergauf ~ am Holzlagerplatz geradeaus auf den nun breiteren Weg ~ auf dem gut begehbaren Kiesweg am Hang entlang ~ oberhalb des Sportplatzes am Querweg rechts, kurz darauf an der Gabelung links halten ~ an der Verzweigung am Ende der Wiese geradeaus in den Waldweg.

Winkl

3 2,9 (675) Der Weg endet in der Siedlung Winkl, hier rechts auf die ansteigende Straße ~ nach 50 m schräg rechts in den parallel verlaufenden Fußweg ~ bergab in den Wald ~ die Privatstraße überqueren und unterhalb des Kieswerks entlang ~ an der Wiese entlang und wieder in den Wald.

4 4,0 (675) An der Abzweigung nach der Holzbrücke rechts in den ansteigenden Weg ~ im Linksbogen in den schmalen Fußweg ~ am Ende des Gefälles rechts in den breiten Weg ~ durch das Weidegatter.

5 5,0 (680) Unten im Tal rechts auf den Fuß- und Reitweg ~ über die Brücke, gleich danach rechts ~ am Bachbett des **Hängendsteingrabens** entlang leicht bergauf ~ an der T-Kreuzung links ~ auf dem welligen Kiesweg durch den Wald.

6 6,6 (700) An der Kreuzung am Waldrand geradeaus weiter ~ an der Gabelung links halten ~ auf dem breiten Schotterweg weiter durch den Wald, links erahnen Sie das **Hallthurmmoos** ~ geradeaus auf den Asphaltweg, links sehen Sie bereits die Bahnsteige des Bahnhofs Hallthurm ~ am Ende des Parkplatzes Wehrturm links hinunter zur Bundesstraße ~ über den Bahnübergang und entlang der stark befahrenen Bundesstraße nach Hallthurm.

7 8,4 (705) Die Wanderung endet am Bahnhof in Hallthurm.

AUSSTIEG Die Rückfahrt nach Bischofswiesen erfolgt mit dem Bus 841.

Hallthurm

Von der **ehem. Grenzbefestigung der Fürstpropstei Berchtesgaden** sind noch ein Wachturm (1194) und Überreste der alten Wehrmauer erhalten

Der Pass in Hallthurm, die engste Stelle zwischen Untersberg und Lattengebirge, ist seit jeher der bedeutendste Zugang von bayerischer Seite zum Berchtesgadener Talkessel. Heute verlaufen hier die Bundesstraße 20, die Bahnverbindung nach Berchtesgaden und eine moderne Soleleitung.

Die Grenzbefestigung Hallthurm wurde einst angelegt, um Berchtesgaden vor Überfällen aus Bad Reichenhall zu schützen. Nach der Einverleibung Berchtesgadens nach Bayern 1810 wurde die Grenzbefestigung überflüssig, ein Großteil der Befestigungsanlage wurde deshalb abgebrochen.

Tour 20 — 5,1 km

Berchtesgaden – Königssee

Start: Berchtesgaden, Bahnhof
Ziel: Königssee, Schiffsanleger
Gehzeit: 1½ Std. **Aufstieg:** 105 m **Abstieg:** 40 m
Hartbelag: 25 % **Wanderwege:** 75 % **Wanderpfade:** 0 %

Charakteristik: Die beliebte, kurzweilige Wanderung führt auf der alten Bahntrasse entlang der Königsseer Ache von Berchtesgaden zum wunderschönen Königssee. Auf der Route gibt es viele Sitzgelegenheiten und mehrere Einkehrmöglichkeiten, der Weg ist auch für Kinderwägen geeignet.
Markierung: Gelbe Schilder Richtung Königssee.
Anreise/Abreise: Mit der Bahn oder mit dem Auto über die B 305 nach Berchtesgaden. Rückfahrt von Königssee nach Berchtesgaden mit dem Bus (Linien 839, 841, 843).

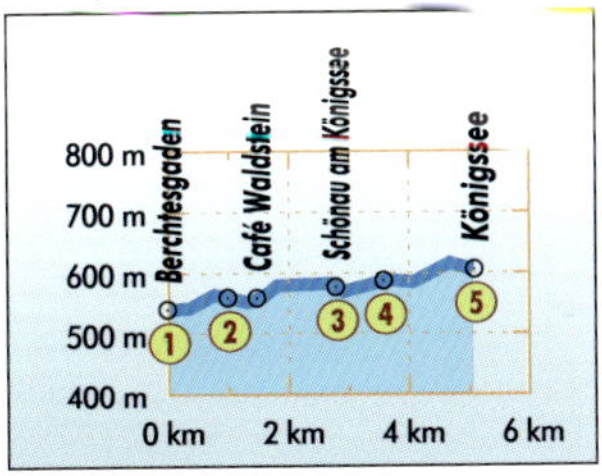

Berchtesgaden s. S. 70

1 **0,0 (545)** Die Tour startet vor dem Bahnhofsgebäude in Berchtesgaden ⁓ rechts herum auf die gegenüberliegende Seite des Kreisverkehrs ⁓ über den Parkplatz neben der Pizzeria ⁓ rechts auf die Asphaltstraße und der Linkskurve folgen ⁓ die Asphaltstraße mündet in einen unbefestigten Wanderweg, 80 m danach verläuft rechts parallel ein kleiner Pfad für Fußgänger, diesem folgen Sie nun geradeaus an der rechten Uferseite der Königsseer Ache entlang.

2 **1,0 (565)** Über eine Holzbrücke führt der Weg auf das andere Ufer, vorbei am Kiosk.

Kiosk, ÖZ: tägl. ab 13 Uhr

Nach gut 200 m geradeaus über die Untersteiner Straße ⁓ weiter auf dem asphaltierten Spazierweg neben der rauschenden Ache bis zum Café Waldstein.

Café Waldstein, ✆ 08652/2427, ÖZ: April-Okt., Di-So 11-23 Uhr

Hinter dem Café geradeaus auf den Kiesweg ⤳ auf dem Kiesweg 1,2 km durch den Auwald der Ache, mal mehr, mal weniger nahe am rauschenden Gebirgsfluss.

Schönau am Königssee

Tourist-Information, Rathauspl. 1, ✆ 08652/1760, www.koenigssee.com

3 2,8 (570) Am Ende des Kieswegs führt die Route auf die asphaltierte Straße **Am Tannenlehen**, am Rande des Siedlungsgebietes entlang ⤳ der Rechtskurve folgen und nach wenigen Metern die Straße queren ⤳ auf dem asphaltierten Fußgängerweg neben der Ache nach links, sie gelangen zum Achenstüberl.

Achenstüberl

Achenstüberl, ✆ 08652/4316

Die Graf-Arco-Straße queren Sie nach rechts versetzt ⤳ dann weiter auf dem gekiesten Königsseer Fußweg, Sie folgen dem Weg an der Ache entlang bis zum nächsten Siedlungsgebiet.

TIPP Nach 300 m zweigt nach links die kleine Holztreppe zur Fischerlebniswelt ab, dort gibt es u. a. Erlebnisteiche, Spaß-Angeln und natürlich Fischverkauf.

4 3,6 (575) Im Siedlungsgebiet trifft der Kiesweg auf eine ruhige Asphaltstraße, hier geradeaus weiter, der Weg ist nach ca. 70 m wieder gekiest ⤳ über den kleinen Bach, danach rechts hinab in Richtung der rauschenden Ache ⤳ an der Asphaltstraße rechts und dieser bis zur Linkskurve folgen ⤳ durch die Unterführung und auf dem Schotterweg nun immer geradaus an der Königsseer Ache entlang bis zum Königssee.

5 5,1 (610) Sie sind nun am **Schiffsanlegeplatz** angekommen, hier bieten sich zahlreiche Touristische Aktivitäten und Einkehrmöglichkeiten.

AUSSTIEG Sie können entweder nach Berchtesgaden zurückwandern oder vom Großparkplatz aus den Bus (Linien 839, 841, 843) nehmen.

Königssee s. S. 98

PLZ: 83471; Vorwahl: 08652

Schifffahrten über den Königssee nach St. Bartholomä und Salet, Schifffahrt Königssee, Seestr. 55, ✆ 96360

20
Anzenbach
Rosenhof
Berchtesgaden
Strub
Stanggaß
B305
Sommerrodelbahn
Hochlenzer
Mitterbach
Maderegg
575
Café Waldstein
B20
Graflhöhe
Höllgraben
Oberschönau I
Schönau
am Königssee
Königssee Ache
Schwöb
Hainzenbach
Unterschönau I
Faselsberg
Achenstüberl
Grünsteinstüberl
Unterschönau II
Fischerlebniswelt
Königssee
Brandkopf
1155
Waldbach
Mittelstation
Nationalpark-Information
Bob- und Rodelbahn
Café Malerwinkel
Pletzgraben
Dr. Hugo Beck Haus
Rabenwand
Malerwinkel
Nationalpark Berchtesgaden
Sommerbichel
1280
Struckkopf
Jenner
1
2
3
4
5

Der Königssee

Blick auf Königssee und Obersee

Der fjordartige Königssee ist einer der schönst gelegenen und zudem einer der saubersten Seen in Bayern. Mit seinem smaragdgrünen, kristallklaren Wasser verleitet er zum grenzenlosen Träumen. Viele Maler wurden aufgrund des märchenhaften Ausblicks und der erfrischenden Vielfalt des Sees immer wieder aufs Neue inspiriert. Verantwortlich für die markante grüne Farbe sind im Wasser gelöste Kalkteilchen, die das einfallende Sonnenlicht brechen.

Das Königsseetal entstand entlang einer Bruchzone im Fels. Dort hat sich ein Fluss eingegraben und ein V-förmiges Kerbtal geschaffen. Während der Eiszeiten formten Gletscher ein U-förmiges Trogtal mit einem 200 Meter tiefen Becken. Nach dem Abschmelzen der Gletscher bildete sich in diesem Becken ein großer See. Erst ein neuerlicher Gletschervorstoß gegen Ende der Eiszeit schuf die Wallmoräne, die letztendlich den Obersee vom Königssee trennte. Umherliegende Felsblöcke in diesem Gebiet künden von nacheiszeitlichen Bergstürzen. Dereinst wird der Königssee durch das Gesteinsmaterial, das der Eisbach an der Halbinsel St. Bartholomä in den See transportiert, erneut zweigeteilt werden, wenngleich dieser Prozess durch eine Verlegung des Baches künstlich verlangsamt wurde.

Blick vom Aussichtspunkt Feuerpalfen

Das Wahrzeichen des Königssees, St. Bartholomä, ist nur mit dem Schiff (oder relativ aufwändig zu Fuß) erreichbar. Die weltbekannte Wallfahrtskirche am Königssee liegt malerisch auf einer Halbinsel, nebenbei das ehemalige Jagdschlösschen und am Ufer des Königssees ein weiteres historisches Schaustück, die Waldmach-Schiffshütten.
Die Passagierschiffe auf dem See verkehren seit 1909 ausschließlich mit Elektromotoren. In den Sommermonaten fahren die insgesamt 18 Elektroboote im dichten Takt zwischen Königssee, St. Bartholomä und Salet und bringen den mehr als 500.000 jährlichen Fahrgästen die traumhafte Bergwelt näher. Sind eine Trompete und engagiertes Personal an Bord, so können Fahrgäste auch das bekannte Trompeterecho an einer markanten Felswand an der westlichen Seeseite erleben. Traditionell werden am Königssee neben der Schifffahrt auch Fischerei und Almwirtschaft betrieben. Fische, die im Königssee regelmäßig geangelt werden, sind z. B. Seesaibling, Seeforelle, Bachsaibling, Bachforelle, Barsch und Hecht. Ein bekanntes Spektakel ist der Almauf- und abtrieb zu den Almen Salet und Fischunkel, wenn die Rinder im Frühjahr und Herbst mit Booten über den Königssee übergesetzt werden – der aufwändige Zugang auf dem Landweg wäre nicht praktikabel. Insbesondere der Almabtrieb, wenn die Kühe prächtig geschmückt sind, wird auch in den überregionalen Medien gerne aufgegriffen.

Blick vom Jenner auf den Königssee

leicht

Tour 21 3,2 km

Malerwinkel-Rundweg

Start/Ziel: Königssee, Schiffsanleger

Gehzeit: 1½ Std. **Aufstieg:** 170 m **Abstieg:** 170 m

Hartbelag: 28 % **Wanderwege:** 72 % **Wanderpfade:** 0 %

Charakteristik: Das Berchtesgadener Land war bereits im 19. Jahrhundert ein beliebtes Reiseziel von Landschaftsmalern. Sie waren sehr häufig im nach ihnen benannten „Malerwinkel" anzutreffen. Die kurze, leichte Wanderung führt von Königssee durch diesen Malerwinkel zur Rabenwand, meist über gut gepflegte Wanderwege zwischen der Felssturzlandschaft hindurch. An mehreren Stellen bieten sich schöne Aussichten auf den Königssee, die bereits von vielen Landschaftsmalern und Fotografen festgehalten wurden.

Der bekannte Malerwinkel-Blick

Markierung: Durchgehend als „Malerwinkel Rundweg" beschildert.

Anreise/Abreise: Mit dem Bus (Linien 839, 841 und 843) oder dem Auto bis zum Großparkplatz Königssee, dann zu Fuß zum Schiffsanlegeplatz am Seeufer.

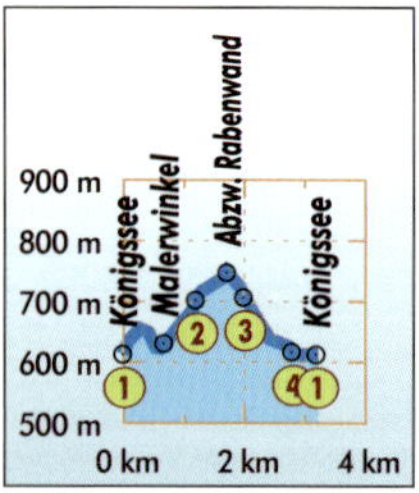

Tipp: Wenn Sie auf die Variante zur Rabenwand verzichten, ist die Tour kinderwagentauglich.

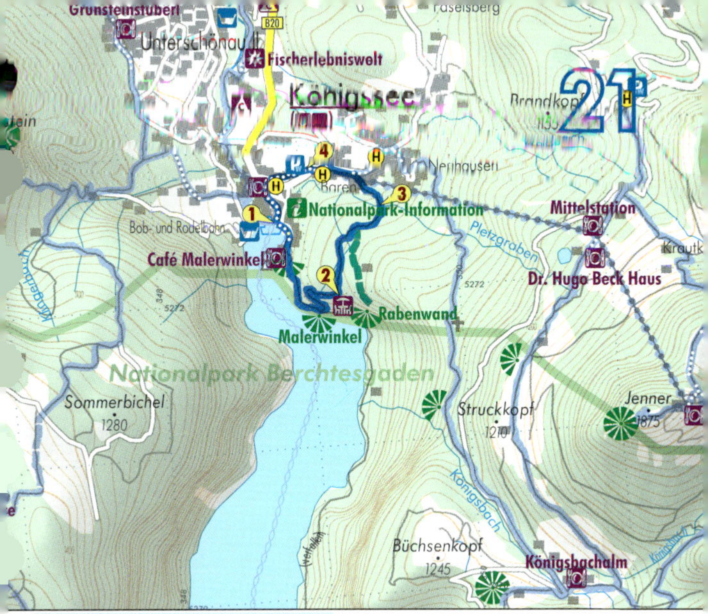

Königssee

PLZ: 83471; Vorwahl: 08652

Schifffahrten über den Königssee nach St. Bartholomä und Salet, Schifffahrt Königssee, Seestr. 55, ✆ 96360

1 **0,0 (610)** Die Rundtour startet am Schiffsanlegeplatz, hier links auf den asphaltierten Spazierweg am Ufer entlang und hinter den königsseetypischen Bootshütten vorbei ⁓ leicht ansteigend auf dem Kiesweg im Wald den Hang hinauf.

TIPP Kurz nach den Bootshäusern zweigt rechts ein Weg zum „Café Malerwinkel" ab.

Café Malerwinkel, ÖZ: tägl. ab 11.30 Uhr

Die Hauptroute führt weiter auf dem gut gekiesten, mit einem Holzgeländer versehenen Spazierweg bergauf ⁓ nach 700 m zweigt nach rechts ein Weg zum bekannten Aussichtspunkt „Malerwinkel" ab.

Malerwinkel

Vom Aussichtspunkt Malerwinkel können Sie den Königssee inklusive St. Bartholomä fast in seiner gesamten Länge überblicken. Der grandiose Blick hat seit langem Maler fasziniert und animiert.

Der Hauptroute folgen Sie in Kehren im Wald hinauf, zahlreiche Felsblöcke zeugen von einem früheren Bergsturz.

2 1,2 (685) Im Scheitel der dritten Kehre treffen Sie auf einen Rastplatz mit schöner Aussicht, danach in Kurven leicht bergab ⇝ 500 m nach dem Rastplatz zweigt nach rechts der Pfad zur Rabenwand ab.

AUSFLUG Zum Aussichtspunkt am Fuße der Rabenwand folgen Sie etwa 15 Minuten dem steinigen und wurzeligen Pfad nach rechts im Wald hinauf, teilweise geht es über Holzstufen.

Die Hauptroute führt auf dem Kiesweg entlang weiter leicht bergab.

3 2,0 (680) Die Holzbrücke führt über den **Pletzgraben**, danach geht der Weg weiter in dichteren Laubwald ⇝ aus dem Wald heraus am Ortseingang von Köngissee vorbei ⇝ auf dem Asphaltweg nach rechts ⇝ an der T-Kreuzung bei der **Jochbergstraße** links auf den Wanderweg parallel zur Straße ⇝ weiter auf den asphaltierten Weg ⇝ auf Höhe des Gasthauses mit dem Streichelzoo queren Sie die Straße schräg rechts auf den Wanderweg.

4 2,8 (615) Am Parkplatz angekommen queren Sie diesen schräg nach links ⇝ über den Zebrastreifen und dann nach links über die **Seestraße** zurück zum Schiffsanlegeplatz.

1 3,2 (610) Die Tour endet wieder am Schiffsanlegeplatz in Königssee.

Königssee

Blick vom Aussichtspunkt an der Rabenwand

mittel

Tour 22 — 9,2 km

Grünsteinrunde

Start/Ziel: Wanderparkplatz Hammerstiel

Gehzeit: 4 Std. **Aufstieg:** 745 m **Abstieg:** 745 m

Hartbelag: 29 % **Wanderwege:** 49 % **Wanderpfade:** 22 %

Charakteristik: Der Grünstein ist ein dem Watzmann vorgelagerter, relativ leicht erreichbarer Aussichtspunkt oberhalb des Königssees. Unterhalb des Gipfels befindet sich zudem eine beliebte Einkehrmöglichkeit. Während der Aufstieg größtenteils über einen breiten Fahrweg durch schattigen Wald erfolgt, ist der Abstieg durch den Klingergraben deutlich steiler. Der Rückweg durch die Gemeinde Schönau ist relativ unspektakulär und asphaltlastig.

Café Hammerstiel

Markierung: Überwiegend mit gelben Schildern markiert.

Anreise/Abreise: Die beschilderte Anfahrt zum Wanderparkplatz Hammerstiel erfolgt durch die Gemeinde Schönau a. Königssee, der Parkplatz liegt südwestlich des Gemeindegebietes. Bei Anreise mit öffentlichen Verkehrsmitteln starten Sie am besten bei Wegpunkt 7 an der Bushaltestelle Almrausch (Bus 843), alternativ können Sie die Tour auch am Königssee beginnen.

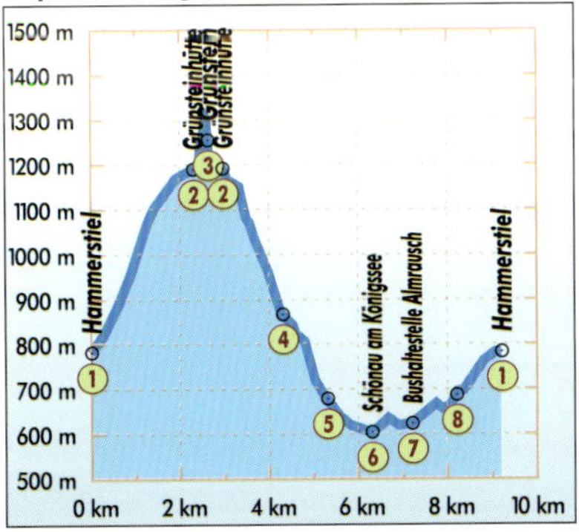

Hammerstiel

Café Hammerstiel, ✆ 08652/2266, ÖZ: Di-So 13-19 Uhr

1 **0,0 (780)** Sie beginnen die Wanderung am Wanderparkplatz Hammerstiel ⇝ direkt am Parkplatz beginnt ein Wanderweg Richtung Grünstein, diesem folgen Sie ⇝ rechts auf den breiten Fahrweg ⇝ auf den nächsten 2 km folgen Sie nun stets dem mäßig ansteigenden Fahrweg durch den schattigen Wald ⇝ an der Verzweigung empfehlen wir Ihnen den rechten Weg, die beiden Wege führen aber später wieder zusammen ⇝ der Fahrweg endet schließlich an der Grünsteinhütte.

Grünsteinhütte

Grünsteinhütte, ✆ 08652/5631, ÖZ: Mai-Okt.

2 **2,3 (1.170)** Von der Grünsteinhütte in Serpentinen hinauf zum Gipfelkreuz auf dem Grünstein, von dem Sie noch etwa 10 min trennen.

Grünstein (1.304 m)

Vom Gipfel genießen Sie den Tiefblick auf den nördlichen Königssee und Berchtesgaden, in Richtung Südwesten ist der Watzmann zum Greifen nahe.

3 **2,7 (1.305)** Vom Gipfel auf dem Wanderpfad wieder hinunter zur Grünsteinhütte.

2 **3,1 (1.170)** Sie gehen an der Hütte vorbei und halten sich links ⇝ teilweise über Stufen am Rand des Abhanges entlang ⇝ an der folgenden Gabelung halten Sie sich links und folgen den Kurven des Weges bergab ⇝ am Rand des Waldes im Zickzack über den

steinigen Hang hinab, dann wieder in den Wald hinein ~ an dem Felsen mit der Gedenktafel vorbei.

4 **4,3 (865)** Der Pfad endet an einem breiten Waldweg, hier links ~ an der Infotafel zum Klettersteig vorbei und auf dem breiten Weg in Serpentinen bergab ~ im weiteren

Blick auf den Grünstein

In Schönau am Königssee

Verlauf wandern Sie oberhalb der bekannten Königsseer Kunsteisbahn und an beeindruckenden Lawinensicherungsnetzen entlang.

5 5,3 (680) An der großen Kreuzung im Wald links abbiegen ~ an der T-Kreuzung am Waldrand links ~ dem Richtung Hammerstiel beschilderten Weg am Waldrand entlang folgen ~ ab den ersten Häusern von Schönau ist der Weg asphaltiert ~ vorbei am Grünsteinstüberl.

Schönau am Königssee

Tourist-Information, Rathauspl. 1, 08652/1760, www.koenigssee.com

Grünsteinstüberl, ÖZ: Di-Do ab 16 Uhr

6 6,3 (600) Kurz vor der Vorfahrtsstraße im spitzen Winkel nach links ~ vor dem Bauhof rechts in den Fußweg ~ der Weg endet an der Straße, hier links und auf dem Gehsteig weiter.

7 7,2 (620) Vorbei an der **Bushaltestelle Almrausch** ~ weitere 700 m entlang der Straße, schließlich schräg links in die ruhige **Breitenbachstraße**.

8 8,2 (675) An der T-Kreuzung links ~ bei den letzten Häusern der Linkskurve in die **Hammerstielstraße** folgen ~ die Straße führt nun steiler bergauf ~ vorbei am Abzweig zur Grünsteinhütte, kurz darauf erreichen Sie den Parkplatz Hammerstiel.

1 9,2 (780) Die Tour endet wieder am Ausgangspunkt.

Hammerstiel

mittel

Tour 23 – 14,4 km

Kührointhütte

Start/Ziel: Königssee

Gehzeit: 6 Std. **Aufstieg:** 1.000 m **Abstieg:** 1.000 m

Hartbelag: 6 % **Wanderwege:** 51 % **Wanderpfade:** 43 %

Charakteristik: Die trotz des langen Anstieges relativ einfache Wanderung führt meist durch Wald auf die Höhen westlich des Königssees. Zwei schöne Einkehrmöglichkeiten wollen besucht werden: die Grünsteinhütte direkt unterhalb des Grünsteingipfels und die Kührointhütte. Von dort bietet sich vor dem Abstieg noch ein Abstecher zum Aussichtspunkt Archenkanzel mit herrlichem Blick auf den Königssee an.

Markierung: Durchgehende, gute DAV-Beschilderung.

Anreise/Abreise: Mit dem Bus oder dem Auto zum Großparkplatz Königssee.

Königssee

PLZ: 83471; Vorwahl: 08652

Schifffahrten über den Königssee nach St. Bartholomä und Salet, Schifffahrt Königssee, Seestr. 55, ✆ 96360

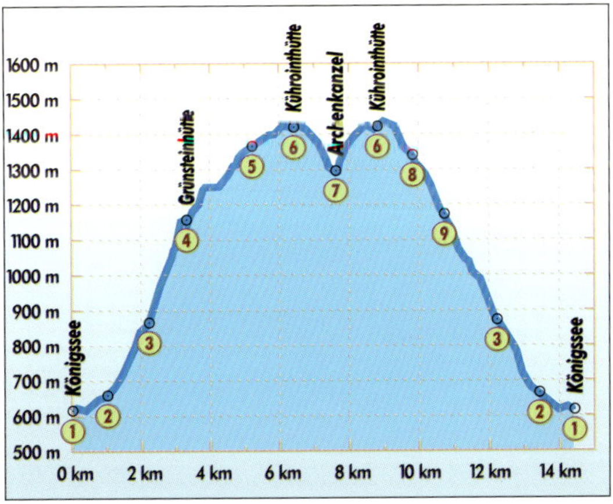

Blick von der Grünsteinhütte auf den Königssee

1 0,0 (610) Sie beginnen die Wanderung am Großparkplatz bzw. der Bushaltestelle Königssee ⤳ am nordwestlichen Rand der Siedlung auf den breiten Kiesweg zur Königsseer Ache ⤳ die Seeklause überqueren.

Seeklause

✲ Die **Seeklause** wurde 1560 für die Holztrift am Königssee gebaut. Seit dem Ende der Holztrift im Jahr 1970 wird sie nur mehr von der Schifffahrt Königssee zur Regulierung des Wasserspiegels genutzt.

Die Asphaltstraße nach rechts versetzt überqueren und auf dem ansteigenden Kiesweg über die Wiese bergan ⤳ geradeaus auf den kleinen Asphaltweg ⤳ am Querweg rechts.

2 1,0 (650) Noch vor dem Ende des kurzen Waldstückes scharf links abbiegen in den Wanderweg Richtung Grünstein und Kührointalm ⤳ an der Kreuzung im Wald geradeaus, gleich danach an der Gabelung erneut geradeaus ⤳ oberhalb der bekannten Kunsteisbahn und an beeindruckenden Lawinensicherungsnetzen entlang ⤳ auf dem breiten Weg in Serpentinen steil bergauf ⤳ im Linksbogen an der Klettersteig-Infotafel vorbei.

3 2,2 (865) An der folgenden Abzweigung rechts Richtung Grünstein ⤳ auf dem schmalen Pfad steil bergauf ⤳ an dem Felsen mit der Gedenktafel vorbei ⤳ erst auf dem Pfad durch den Wald, dann im Zickzack über den steinigen Hang hinauf ⤳ der Weg führt links nochmal in den Wald und in Kurven auf die Scharte hinauf ⤳ an der Gabelung rechts halten und zur Hütte hinüber.

Grünsteinhütte

🍽 **Grünsteinhütte**, ✆ 08652/5631, ÖZ: Mai-Okt.

4 3,3 (1.170) Oberhalb des Geröllabhanges zurück zur Gabelung, hier dann rechts halten Richtung Kührointalm ⤳ der Weg führt kurz an den oberen Rand der Weißen Wand heran, dann über den Hang hinauf ⤳ am Abzweig Richtung Schapbachalm geradeaus weiter ⤳ im Zickzack über den steilen Hang hinauf, dann rechts halten und auf flacherem Weg weiter.

5 **5,2 (1.345)** Am Forstweg biegen Sie links ab, an der gleich darauf folgenden Gabelung halten Sie sich dann rechts und folgen dem breiten Weg bergauf ~ an der Kreuzung rechts Richtung Kührointalm ~ am Trainingszentrum der Polizei vorbei zur Almhütte.

Kührointhütte

Nationalpark-Infostelle Kühroint, ÖZ: Mai-Okt., tägl. 9-17 Uhr. In der am höchsten gelegenen Informationsstelle des Nationalparks Berchtesgaden werden wechselnde Ausstellungen meist zu Themen des Waldes gezeigt.

Kührointhütte, ✆ 0171/3533369, ÖZ: Mitte Mai-Mitte Okt.

Bergopfer-Gedenk-Kapelle St. Bernhard, auf Kupfertafeln wird an alle Opfer der Berchtesgadener Alpen erinnert

6 **6,4 (1.415)** Um auf einen Stichweg zur Archenkanzel, einem Aussichtspunkt mit herrlicher Sicht auf den Königssee, zu kommen,

Kührointhütte

gehen Sie links an den Almhütten vorbei ~ im Rechtsbogen geradeaus auf den Wanderpfad und über die Almwiese ~ der Weg führt in den Wald hinein ~ die Forststraße kreuzen und geradeaus weiter ~ am Wendeplatz des Schotterweges geradeaus auf den Wanderpfad ~ an der nächsten Weggabelung links halten Richtung Archenkanzel ~ nach wenigen Minuten erreichen Sie den Aussichtspunkt.

Archenkanzel

Vom Aussichtspunkt eröffnet sich ein wunderbarer Blick auf den nur mit dem Schiff oder zu Fuß erreichbaren hinteren Teil des Königssees und die kleine Halbinsel St. Bartholomä.

7 **7,6 (1.290)** Auf dem gleichen Weg wieder zur Kührointalm zurück.

6 **8,8 (1.415)** Von der Kührointhütte auf dem breiten Fahrweg zurück zur letzten Kreuzung, dort geradeaus in den Waldweg ~ kurz oberhalb der Fahrstraße entlang, Sie entfernen sich dann aber im Rechtsbogen von diesem vom Aufstieg bekannten Weg.

8 **9,8 (1.325)** Geradeaus über den Querweg ~ durch dichten Nadelwald weiter bergab.

9 **10,7 (1.165)** An der T-Kreuzung am Wendeplatz links ~ auf dem breiten Kiesweg weiter steil bergab, alle Abzweigungen ignorieren ~ nach der flachen Holzbrücke über den Klingerbach rechts halten und weiter bergab.

3 **12,2 (865)** Am Abzweig zum Grünstein geradeaus weiter ~ auf dem vom Aufstieg bekannten Weg zurück zum Königssee.

1 **14,4 (610)** Die Tour endet wieder am Ausgangspunkt.

Königssee

Archenkanzel

Tour 24 5,8 km

Hinterbrand - Jenner

Start/Ziel: Berchtesgaden, Parkplatz Hinterbrand

Gehzeit: 3 Std. **Aufstieg:** 745 m **Abstieg:** 135 m

Hartbelag: 19 % **Wanderwege:** 62 % **Wanderpfade:** 19 %

Charakteristik: Vom Jennergipfel hat man den besten Blick auf den Königssee und die dahinter liegende Watzmann-Ostwand, vermutlich einer der schönsten Aussichtspunkte im gesamten Alpenraum. Der einfachste Weg auf den Jenner erfolgt mit der Seilbahn. Wer sich die Aussicht „verdienen" möchte, dem empfiehlt sich die schöne Aufstiegswanderung über den Krautkaserweg. Startpunkt ist der Parkplatz Hinterbrand an der Scharitzkehlstraße. Mit der Mitterkaseralm gibt es auf halber Strecke eine schöne, vergleichsweise ruhige Einkehrmöglichkeit. Den Abstieg kürzen Sie ab, indem Sie von der Berg- bis zur Mittelstation die Jennerbahn nutzen.

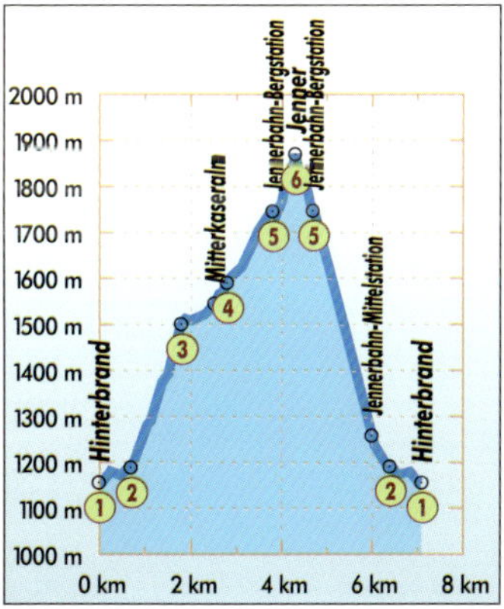

Markierung: Gelbe DAV-Beschilderung.

Anreise/Abreise: Mit dem Bus 838 oder mit dem Auto über die Scharitzkehlstraße bis Hinterbrand, dort gebührenpflichtiger Parkplatz.

Hinterbrand

1 0,0 (1.145) Sie starten die Tour am Parkplatz Hinterbrand ⤳ am unteren Parkplatzende in den Wanderweg Richtung Jenner ⤳ hier haben Sie einen schönen Blick auf das Lattengebirge und den Untersberg sowie das Berchtesgadener Becken ⤳ auf dem breiten Weg weiter bergan

Blick zurück in den Berchtesgadener Talkessel

an der T-Kreuzung links Richtung Jennerbahn-Mittelstation ⤳ geradeaus über den Querweg.

2 0,7 (1.170) Kurz vor der kleinen Freifläche links in den Wanderpfad Richtung „Jenner über Krautkaser" ⤳ am Rande der Almwiese bergauf ⤳ ab dem Wegweiser am oberen Rand der Wiese ist der Weg etwas breiter und flacher ⤳ an der **Krautkaseralm** vorbei ⤳ an der Gabelung rechts halten ⤳ auf dem Pfad steil bergauf durch den Wald.

3 1,8 (1.500) An der T-Kreuzung links auf den breiten Fahrweg, ⤳ vorbei an der bewirtschafteten Mitterkaseralm.

Mitterkaseralm

Mitterkaseralm, ✆ 08652/5100, ÖZ: Pfingsten-Okt. und in der Skisaison

Der von nun an asphaltierte Aufstiegsweg führt über eine Freifläche, die im Winter als Skipiste genutzt wird.

4 2,8 (1.590) An der Gabelung rechts Richtung Jenner und Jenner-Bergstation ⤳ auf dem weiterhin asphaltierten Weg am Hang entlang bergauf ⤳ im Linksbogen an der Skiliftbergstation vorbei ⤳ an der anschlie-

ßenden Abzweigung links halten ~ Sie wandern direkt auf den Jennergipfel zu ~ an der Abzweigung an der Rastbank rechts und bergauf zur **Jennerbahn-Bergstation**.

5 **3,8 (1.800)** Vorbei an der Aussichtsterras-

Blick auf den Anstiegsweg und den Untersberg

se der **Berggaststätte** und auf dem breiten Kiesweg Richtung Jennergipfel ~ nach wenigen Minuten erreichen Sie die Aussichtsplattform mit grandiosem Ausblick auf Königssee und Watzmann-Ostwand ~ auf dem gut gesicherten Pfad geht es noch ein Stück höher bis zum Gipfelkreuz.

Jenner

Berggaststätte Jennerbahn, 08652/95830, ÖZ: ganzjährig

Jennerbahn, 08652/95810, Betriebszeiten: 9-16.30 Uhr, Juni bis Anfang Okt. 9-17 Uhr

6 4,3 (1.875) Wenn Sie die Aussicht am Gipfelkreuz ausgiebig genossen haben, laufen Sie auf dem breiten Kiesweg zurück zur Bergstation der Jennerbahn.

5 4,7 (1.800) Mit der Gondelbahn hinunter zur Mittelstation.

Jennerbahn-Mittelstation

Gaststätte Mittelstation

Dr.-Hugo-Beck-Haus, 08652/2727, ÖZ: Mi-Do bis 22 Uhr, Fr-Mo bis 18 Uhr

Von der Mittelstation auf dem breiten Weg Richtung Hinterbrand leicht bergab.

2 5,1 (1.170) Ab dem Abzweig zum Jenner folgen Sie dem vom Aufstieg bekannten Weg.

1 5,8 (1.145) Die Tour endet wieder am Parkplatz Hinterbrand.

Hinterbrand

Blick vom Jenner auf den Königssee

mittel

Tour 25 — 14,2 km

Jenner – Schneibstein

Start: Bergstation der Jenner-Seilbahn

Ziel: Talstation der Jenner-Seilbahn

Gehzeit: 6 Std. **Aufstieg:** 580 m **Abstieg:** 1.750 m

Hartbelag: 6 % **Wanderwege:** 58 % **Wanderpfade:** 36 %

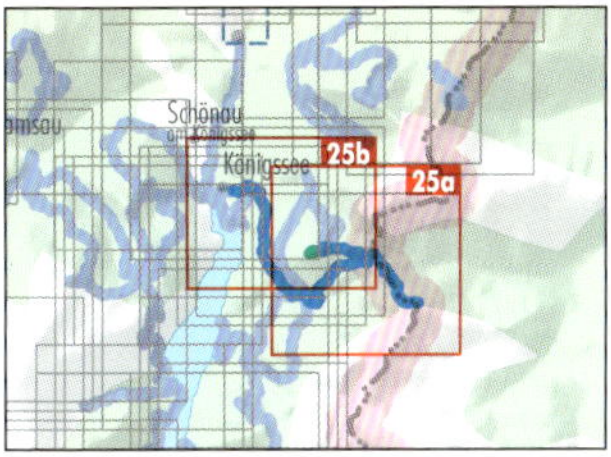

Charakteristik: Der Schneibstein gilt gemeinhin als der leichteste Zweitausender in den Berchtesgadener Alpen. Leicht ist er vor allem deshalb, weil Sie einen großen Teil des Höhenunterschiedes bequem mit der Jennerbahn bewältigen und somit bis zum Gipfel nicht einmal mehr 500 Höhenmeter übrig bleiben. Dennoch sollten Sie den langen Anstiegspfad nicht unterschätzen, Trittsicherheit ist auf jeden Fall erforderlich. Nachdem Sie die grandiose Aussicht vom Gipfel lange genug genossen haben, führt Sie der Abstiegsweg über Schneibsteinhaus und Königsbachalm hinunter zur Talstation der Jennerbahn am Königssee.

Markierung: Gelbe DAV-Wegweiser.

Anreise/Abreise: Mit Bus (Linien 839, 841 und 843) oder Auto nach Königssee. Oberhalb des gebührenpflichtigen Großparkplatzes ist die Talstation der Jennerbahn, mit der Sie zum Ausgangspunkt der Wanderung schweben.

Auf dem Hochbahnweg

Tipp: Ohne den Abstecher vom Stahlhaus auf den Schneibstein handelt es sich bei der Tour um eine leichte Abstiegswanderung mit mehreren gemütlichen Einkehrmöglichkeiten.

Jenner

Berggaststätte Jennerbahn, ✆ 08652/95830, ÖZ: ganzjährig

Jennerbahn, ✆ 08652/95810, Betriebszeiten: 9-16.30 Uhr, Juni bis Anfang Okt. 9-17 Uhr

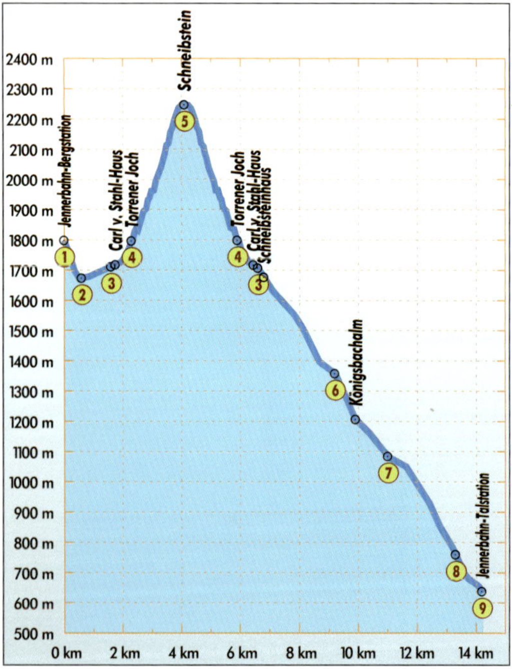

AUSSICHT Bevor Sie die Wanderung Richtung Schneibstein beginnen, sollten Sie unbedingt einen kurzen Abstecher zur Aussichtsplattform am Jennergipfel machen, die Aussicht hinunter auf den Königssee ist überwältigend.

1 **0,0 (1.800)** Sie beginnen die Tour an der Bergstation der Jennerbahn ~ der Beschilderung Richtung Schneibsteinhaus folgen und auf Asphalt bergab ~ an der T-Kreuzung an der Rastbank rechts in den nicht asphaltierten Weg und in Serpentinen bergab.

2 **0,6 (1.670)** An der Abzweigung zur Mitterkaseralm geradeaus und dem Hauptweg auf dem Kamm folgen ~ über eine kleine Anhöhe, Sie blicken auf das Schneibsteinhaus ~ an der Gabelung links weiter Richtung Stahlhaus.

3 **1,6 (1.715)** Geradeaus auf die breite Fahrstraße, kurz darauf haben Sie das

Carl v. Stahl-Haus erreicht.

Carl v. Stahl-Haus

Carl v. Stahl-Haus, ✆ 08652/2752, ÖZ: ganzjährig

Am Carl v. Stahl-Haus rechts in den Wanderpfad Richtung Schneibstein ~ der schmale Pfad führt anfangs gemütlich durch die Latschen.

Carl v. Stahl-Haus

Blick vom Jenner auf den Schneibstein

4 2,3 (1.800) In der kleinen Mulde, dem **Torrener Joch**, haben Sie noch einmal einen schönen Blick links hinunter ins Fischbachtal ⁓ der Pfad beginnt nun stärker anzusteigen und führt durch schrofiges Gelände, es müssen immer wieder die Hände zu Hilfe genommen werden.

ACHTUNG Bei gutem Wetter ist die Orientierung auf dem gut markierten Pfad völlig problemlos, bei Nebel und aufziehenden Unwettern sollten Sie aber äußerst vorsichtig sein und die Tour im Zweifelsfall lieber abbrechen.

Nach dem ersten Steilstück etwas sanfter ansteigend über Wiesen und durch Latschen ⁓ Sie folgen bis hinauf zum Gipfel immer dem mit roten Punkten markierten Pfad, meist geht es durch steiniges Gelände ⁓ der Schlussanstieg führt über den Nordwestkamm auf das Gipfelplateau.

5 4,1 (2.275) Schließlich erreichen Sie den Gipfel des Schneibsteins und genießen die faszinierende Aussicht auf den benachbarten Watzmann, das Berchtesgadener Becken, das Steinerne Meer und weit nach Österreich hinein.

Schneibstein (2.276 m)

Im mit Gräsern und Steinen gesäumten Gipfelbereich finden Sie einen Stein mit einer historischen Grenzmarkierung von 1818. Die deutsch-österreichische Grenze läuft noch immer mitten über den Berg, deshalb stehen hier oben auch zwei Gipfelkreuze, ein deutsches und ein österreichisches.

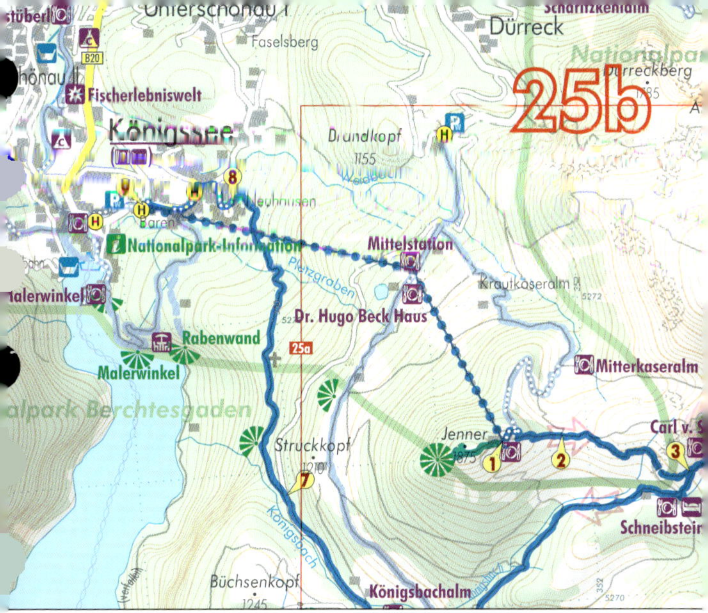

Wenn Sie die Aussicht ausgiebig genossen haben, wandern Sie auf dem Anstiegsweg wieder zurück zum Stahlhaus und zum Abzweig bei Wegpunkt 3.

3 **6,6 (1.715)** Auf dem breiten Fahrweg bleiben, kurz darauf erreichen Sie das Schneibsteinhaus.

Schneibsteinhaus

Schneibsteinhaus, ✆ 08652/259, ÖZ: Mai-Okt.

Sie folgen nun dem breiten Fahrweg Richtung Köngisbachalm ~ der Fahrweg schlängelt sich anfangs gemütlich bergab, vorbei an zahlreichen kleinen

Blick zurück auf den Jenner

Blick ins Fischbachtal

Diensthütten und nicht bewirtschafteten Almen ⇝ im weiteren Verlauf führt der Weg oberhalb des Königsbaches durch den Wald ⇝ Sie folgen stets der breiten, bergab führenden Kiesstraße und ignorieren alle Abzweigungen.

6 9,2 (1.345) Am Abzweig zur Priesbergalm der scharfen Rechtskurve der Fahrstraße folgen ⇝ steil bergab auf die Almfläche ⇝ am Abzweig links halten und hinab zu den Gebäuden der Königsbachalm.

Königsbachalm

Königsbachalm, ✆ 08652/5551, ÖZ: Mai-Okt.

An der Königsbachalm in den bergab führenden Fahrweg Richtung „Königssee über Hochbahnweg" ⇝ auf dem breiten Fahrweg sanft abwärts durch den Wald.

7 11,0 (1.105) An der Gabelung in der Senke links in den **Hochbahnweg** ⇝ nach 500 m erreichen Sie einen schönen Aussichtspunkt mit Blick auf den Königssee ⇝ weiterhin mit Geländer am Hang entlang bergab ⇝ im weiteren Wegverlauf queren Sie erst eine Skipiste und dann die Jenner-Seilbahn.

8 13,3 (740) Nach der scharfen Linkskurve erreichen Sie die ersten Häuser von Königssee ⇝ auf der kleinen Asphaltstraße weiter bergab ⇝ an der T-Kreuzung mit der **Richard-Voss-Straße** links ⇝ an der nächsten Abzweigung links in die **Jennerbahnstraße** ⇝ auf dem Fußweg neben der Straße zurück zur Seilbahn-Talstation.

9 14,2 (635) Die Tour endet an der Talstation der Jenner-Seilbahn.

Königssee

mittel

Tour 26 19,6 km

Jenner-Mittelstation – Gotzenalm

Start: Mittelstation der Jenner-Seilbahn
Ziel: Talstation der Jenner-Seilbahn

Gehzeit: 7 Std. **Aufstieg:** 750 m **Abstieg:** 1.315 m
Hartbelag: 4 % **Wanderwege:** 76 % **Wanderpfade:** 20 %

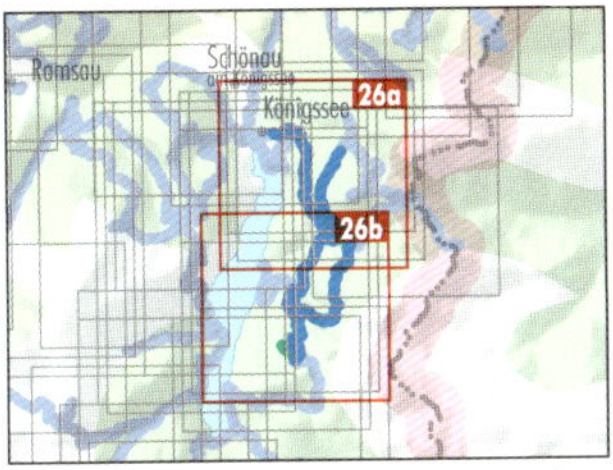

Charakteristik: Die Gotzenalm auf der Hochfläche östlich des Königssees gilt als einer der schönsten Plätze in den Berchtesgadener Alpen. Die einfachste Variante, dorthin und zum benachbarten Aussichtspunkt Feuerpalfen zu gelangen, erfolgt mit Unterstützung der Jenner-Seilbahn. So startet diese Tour an der Mittelstation der Jennerbahn bereits auf einer Höhe von 1.200 Metern. Dennoch verbleiben mit dem steilen Schlussanstieg und dem Unteren Hirschenlauf, der Trittsicherheit erfordert, zwei größere Herausforderungen. Der Abstieg über die Königsbachalm ist hingegen völlig problemlos.

Markierung: Gelbe DAV-Beschilderung.

Anreise/Abreise: Mit Bus (Linien 839, 841 und 843) oder Auto nach Königssee. Oberhalb des gebührenpflichtigen Großparkplatzes ist die Talstation der Jennerbahn, mit der Sie zur Mittelstation fahren.

Tipp: Auf der Gotzenalm können Sie übernachten und somit die lange Tour zu einer Zweitagestour ausweiten. Außerdem kann die Tour an der Königsbachalm verkürzt werden.

Königsbachalm

Jennerbahn-Mittelstation

- Jennerbahn, ✆ 08652/95810, Betriebszeiten: 9-16.30 Uhr, Juni bis Anfang Okt. 9-17 Uhr
- Gaststätte Mittelstation
- Dr.-Hugo-Beck-Haus, ✆ 08652/2727, ÖZ: Mi-Do bis 22 Uhr, Fr-Mo bis 18 Uhr

1 **0,0 (1.200)** An der Mittelstation der Jennerbahn rechts auf den ansteigenden Asphaltweg ~ an der Gabelung rechts in den etwas schmaleren Weg Richtung Königsbachalm und Gotzenalm.

2 **1,0 (1.275)** An der Rastbank haben Sie einen schönen Blick auf Berchtesgaden und den Untersberg ~ weiterhin auf dem breiten Fußweg am Hang entlang, über Blumenwiesen und durch aufgelockerten Mischwald ~ den Wald verlassen, leicht bergab und auf der Holzbrücke über den Königsbachgraben.

3 **2,8 (1.270)** Der Weg endet an der Serpentine einer breiten Kiesstraße, hier links und steil bergauf.

AUSSTIEG Rechts erreichen Sie nach wenigen Minuten die Königsbachalm und können somit die Tour deutlich verkürzen.

An der Abzweigung unter der Telefonleitung rechts halten ~ an der **Brennhütte am Priesberg**, die zur Enzianbrennerei Grassl gehört, vorbei ~ auf dem breiten Kiesweg stetig bergan durch das **Priesberger Moos** ~ an der Gabelung geradeaus zur Priesbergalm.

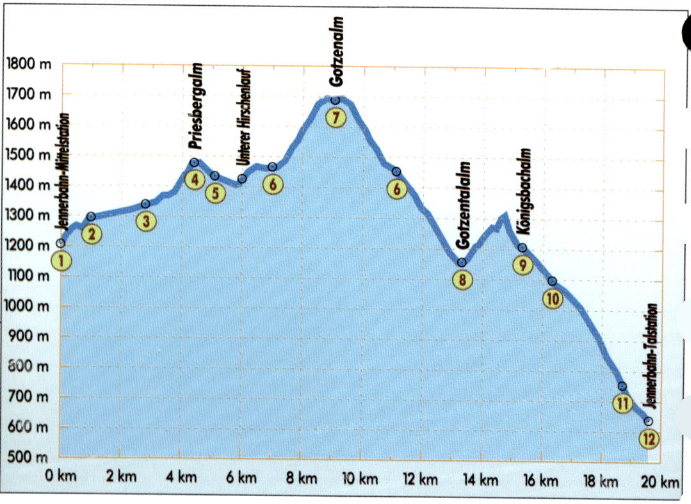

Priesberger Moos

Priesbergalm. Hier werden Milch, Käse und Speckbrot aus eigener Herstellung angeboten.

Das Priesberger Moos ist eine Hochmoorfläche, das durch Endmoränen aus der Eiszeit begrenzt wird. Im Fühjahr blühen hier diverse Orchideen.

4 **4,4 (1.470)** An der Priesbergalm geradeaus weiter und dem wunderschönen Wiesenpfad am

Priesbergalm

Hang entlang folgen ~ auf dem steinigen Weg hinunter in den **Abwärtsgraben**.

5 **5,1 (1.450)** Im Einschnitt den wasserführenden Abwärtsgraben queren, gleich danach an der Gabelung rechts Richtung Gotzenalm ~ hier beginnt der sog. **Untere Hirschenlauf**, der auf einer Seehöhe von etwa 1.400 m durch den Schluchtwald an den Hängen des Gotzetauerns entlang führt.

ACHTUNG ⚠ Bei Nässe kann dieser Weg gefährlich sein, Trittsicherheit ist in jedem Fall vonnöten.

6 **7,0 (1.460)** An der Telefonleitung stoßen Sie auf einen breiten Fahrweg, hier links ~ der Fahrweg führt in Serpentinen steil bergauf.

AUSSICHT Am höchsten Punkt zweigt rechts ein Wanderpfad zum Aussichtspunkt Feuerpalfen ab. Die Aussicht von dort auf den 1.100 m tiefer liegenden Königssee und den dahinter liegenden Watzmann ist beeindruckend.

Feuerpalfen

Auf dem breiten Fahrweg hinunter zur Gotzenalm, dem Ziel der Tour.

Bei der Gotzentalalm

Der Pfad führt im ersten Teil hinab in eine kleine Mulde und später am Hang entlang wieder leicht bergauf, vor allem im mittleren Teil über zahlreiche Stufen und Seilsicherungen ~ am Ende des Hirschensteiges geradeaus in den breiten Forstweg.

Gotzenalm

Gotzenalm, ✆ 08652/690900, ÖZ: Ende Mai-Mitte Okt.

Die Gebäude der Gotzenalm liegen auf einem Hochplateau, das von einem gewaltigen Bergpanorama, u. a. von Steinernem Meer und Watzmann, umgeben ist. Auf

den offenen Almwiesen blühen im Spätsommer Arnika und Enzian.

7 **9,0 (1.685)** Von der Gotzenalm bis zum Wegpunkt 6 auf dem selben Weg zurück.

6 **11,1 (1.460)** Am Abzweig zum Unteren Hirschenlauf laufen Sie diesmal geradeaus weiter ~ die Fahrstraße führt erneut in Serpentinen steil bergab ~ den Wald verlassen und auf die Almgebäude der Gotzentalalm zulaufen.

Gotzentalalm

Die Gotzentalalm ist ein nicht mehr bewirtschafteter Ableger der Gotzenalm, wo im Juni und September das Vieh weidet, während es im Hochsommer auf der höher gelegenen Gotzenalm weidet.

8 **13,3 (1.115)** Neben den Almgebäuden rechts in den Wanderpfad Richtung Königsbachalm ~ der Pfad führt auf der schönen Blumenwiese bergan ~ etwa

Ausblick vom Hochbahnweg

1 km lang durch den Wald ~ den Wald verlassen und über das Weidegatter klettern, hier haben Sie einen schönen Blick u. a. auf Berchtesgaden und den Jennergipfel ~ der nun breitere Weg führt bergab zur Königsbachalm.

Königsbachalm

Königsbachalm, ✆ 08652/5551, ÖZ: Mai-Okt.

9 15,3 (1.205) An der Königsbachalm in den bergab führenden Fahrweg Richtung „Königssee über Hochbahnweg" ~ auf dem breiten Fahrweg sanft abwärts durch den Wald.

10 16,3 (1.105) An der Gabelung in der Senke links in den **Hochbahnweg** ~ nach 500 m erreichen Sie einen schönen Aussichtspunkt mit Blick auf den Königssee ~ weiterhin mit Geländer am Hang entlang bergab ~ im weiteren Wegverlauf queren Sie erst eine Skipiste und dann die Jenner-Seilbahn.

11 18,7 (740) Nach der scharfen Linkskurve erreichen Sie die ersten Häuser von Königssee ~ auf der kleinen Asphaltstraße weiter bergab ~ an der T-Kreuzung mit der **Richard-Voss-Straße** links ~ an der nächsten Abzweigung links in die **Jennerbahnstraße** ~ auf dem Fußweg neben der Straße zurück zur Seilbahn-Talstation.

12 19,6 (635) Die Tour endet an der Talstation der Jenner-Seilbahn.

Königssee s. S. 98

Tour 27 16,2 km

Reitsteig – Gotzenalm

Start/Ziel: Königssee, Schiffsanlegestelle Kessel

Gehzeit: 6½–7 Std. **Aufstieg:** 1.105 m **Abstieg:** 1.105 m

Hartbelag: 0 % **Wanderwege:** 59 % **Wanderpfade:** 41 %

Charakteristik: Während die meisten anderen Fahrgäste bis St. Bartholomä sitzen bleiben, verlassen Sie das Schiff bereits an der Bedarfs-Anlegestelle Kessel. An diesem idyllischen Flecken am Ostufer des Königssees beginnt der technisch einfache, aber steile Anstieg über den Reitsteig, einen ehemaligen Reitweg der bayerischen Könige. An der Gotzentalalm erreichen Sie eine schöne Hochalmfläche, von dort aus geht es auf breitem Schotterweg weiter bergauf bis zur schönen Gotzenalm. Kurz vor der Einkehr bietet sich noch ein Abstecher zum Aussichtspunkt Feuerpalfen an.

Markierung: Durchgehend gute Beschilderung.

Anreise/Abreise: Mit der Königssee-Schifffahrt zur Be-

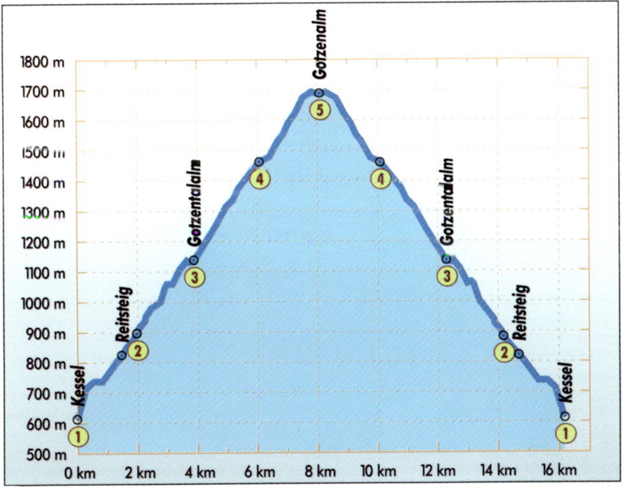

Kessel

darfshaltestelle Kessel. Für die Rückfahrt unbedingt die Abfahrtszeit des letzten Schiffes beachten!

Tipp: Von der Gotzenalm können Sie alternativ auch über den Kaunersteig nach Salet (vgl. Tour 28) oder über den Hochbahnweg nach Königssee (vgl. Tour 26) absteigen.

Kessel

Schifffahrt Königssee, ☎ 08652/96360, www.seenschifffahrt.de

Die Anlegestelle an der Mündung des Kesselbaches war früher ein beliebtes Ausflugsziel mit Blick auf St. Bartholomä. Der Wanderweg von Königssee hierher und der Weg zum Kesselbachfall sind längst verfallen, auch vom früheren englischen Garten ist nichts mehr zu erkennen. Dafür gibt es wenige Minuten nach der Abfahrt des Schiffes meist etwas ganz besonderes zu erleben: absolute Stille am Ufer des Königssees.

1 0,0 (605) Von der Bedarfs-Anlegestelle Kessel über Treppenstufen hoch zum Bootshaus ~ am Waldrand beginnt der **Reitsteig**, der Sie auf den nächsten 500 Höhenmetern begleiten wird ~ der Pfad führt in Serpentinen steil bergauf, ist aber nie ausgesetzt und immer angenehm schattig.

2 2,1 (860) Nach der letzten Kehre haben Sie einen schönen Blick durch die Bäume hinunter auf den Königssee ~ weiter am Hang entlang bergauf ~ über eine Holztreppe ~ am Waldrand links auf den breiten Fahrweg, Sie haben das Ende des Reitsteigs erreicht.

3 3,9 (1.120) An der T-Kreuzung neben der **Gotzentalalm** rechts abbiegen Richtung Gotzenalm.

Gotzentalalm s. S. 125

ANSCHLUSS Links gelangen Sie zur Königsbachalm und weiter nach Königssee (vgl. Tour 26).

Sie folgen der breiten Schotterstraße in weiten Serpentinen bergauf und gewinnen somit

27
Grünsteinstüberl
Unterschönau
B20
Fischerlebniswelt
Faselsberg
Brandkopf
1155
Baren
Nationalpark-Information
Mittelstation
Bob- und Rodelbahn
Café Malerwinkel
Plätzgraben
Dr. Hugo Beck Haus
Rabenwand
Malerwinkel
Nationalpark Berchtesgaden
Sommerbichel
1280
Struckkopf
1210
Jenner
1875
Königsbach
Büchsenkopf
1245
Königsbachalm
Priesberger Moos
Königssee
Archenkanzel
Kessel
Reitsteig
Priesbergalm
Gotzentalalm
Abwärtsgraben
1
2
3
4
5
St. Bartholomä
Gotzenstein
1615
Gotzentauern
1860
Feuerpalfen
Gotzenalm
Bärenköpfl
1680
Klausberg
1715

Reitsteig

weiter an Höhe ⁓ auf diesem Abschnitt werden Ihnen viele Mountainbiker begegnen, die sich ebenfalls zur Gotzenalm hinaufkämpfen oder die Abfahrt genießen.

4 **6,1 (1.460)** Am Abzweig zum unteren Hirschenlauf geradeaus weiter auf dem breiten Fahrweg ⁓ ab der Holzhütte neben dem Telefonleitungsmast führt der Weg erneut in Serpentinen steil bergan.

AUSSICHT Am höchsten Punkt zweigt rechts ein Wanderpfad zum Aussichtspunkt Feuerpalfen ab. Die Aussicht von dort auf den 1.100 m tiefer liegenden Königssee und auf den Watzmann ist beeindruckend.

Feuerpalfen

Auf dem breiten Fahrweg hinunter zur Gotzenalm, dem Ziel der Tour.

Gotzenalm

Gotzenalm, ✆ 08652/690900, ÖZ: Ende Mai-Mitte Okt.

Die Gebäude der Gotzenalm liegen auf einem Hochplateau, das von einem gewaltigen Bergpanorama, u. a. von Steinernem Meer und Watzmann, umgeben ist. Auf den offenen Almwiesen blühen im Spätsommer Arnika und Enzian.

5 **8,1 (1.685)** Von der Gotzenalm folgen Sie dem Anstiegsweg wieder zurück zum Ausgangspunkt.

ANSCHLUSS Statt den selben Weg zurückzulaufen, können Sie auch auf dem Kaunersteig nach Salet (vgl. Tour 28) oder – deutlich einfacher – über die Königsbachalm nach Königssee absteigen (vgl. Tour 26).

1 **16,2 (605)** Die Tour endet am Schiffsanleger Kessel.

AUSSTIEG Die Haltestelle Kessel wird nur bei Bedarf angefahren, mit der Tafel am Steg signalisieren Sie, dass Sie mitfahren wollen. Die Vorgehensweise ist am Steg beschrieben.

Kessel

schwer

Tour 28 13,2 km

Kaunersteig – Gotzenalm

Start/Ziel: Königssee, Anlegestelle Salet

Gehzeit: 6–7 Std. **Aufstieg:** 1.105 m **Abstieg:** 1.105 m

Hartbelag: 0 % **Wanderwege:** 28 % **Wanderpfade:** 72 %

Charakteristik: In Salet läuft die Masse der Schiffsfahrgäste rechts Richtung Saletalm und Obersee, nach links erreichen Sie hingegen schon nach wenigen Metern völlige Bergeinsamkeit. Der nur selten begangene Kaunersteig ist der idyllischste, aber auch der anstrengendste Anstieg zur Gotzenalm. Der Steig ist oft ausgesetzt und bei Nässe sehr gefährlich, Trittsicherheit und Schwindelfreiheit sind unbedingt erforderlich. Unterwegs bieten sich immer wieder schöne Ausblicke durch den Wald auf den Königssee. Am Ende des Steigs erreichen Sie mit der Regenalm eine schöne Almhochfläche, durch kurze Waldstücke geht es schließlich zur beliebten Gotzenalm.

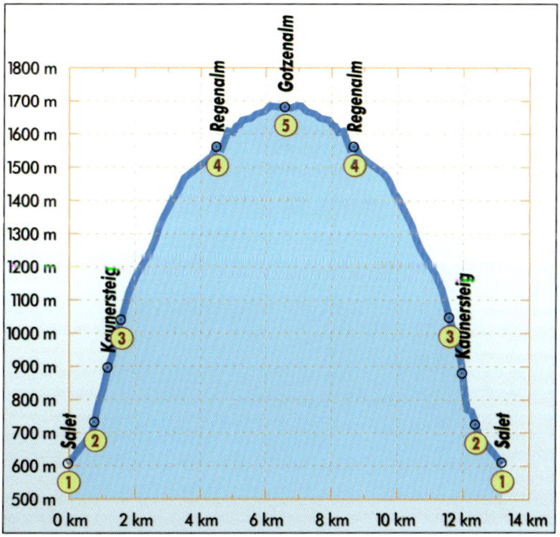

Markierung: DAV-Beschilderung (Nr. 492).

Anreise/Abreise: Von Königssee mit dem Schiff bis zur Anlegestelle Salet am südöstlichen Ende des Sees. Unbedingt für den Rückweg die Ab-

Kaunersteig

fahrtszeit des letzten Schiffes beachten!

Tipp: Von der Gotzenalm können Sie auch nach Kessel (vgl. Tour 27) oder nach Königssee (vgl. Tour 26) absteigen.

Salet

Schifffahrt Königssee, ✆ 08652/96360, www.seenschifffahrt.de

1 0,0 (605) Am Schiffsanleger in Salet links halten, der Beschilderung des **Kaunersteiges** folgen ~ auf dem Pfad am Seeufer entlang ~ der Weg entfernt sich bald vom Ufer, über Holzstufen bergauf.

2 0,8 (635) Am Ende der ersten Seilsicherung rechts halten, geradeaus ging früher ein heute nicht mehr begehbarer Pfad weiter parallel zum Seeufer ~ der Steig führt nun in Serpentinen steil aufwärts ~ immer wieder über Stiegen und Leitern, oft mit Drahtseilen gesichert ~ der selten begangene Steig führt durch eine urwüchsige Natur, überall liegen Bäume herum, Frösche springen über den Weg und Spinnweben hängen zwischen den den Büschen ~ zwischen den Bäumen bietet sich immer mal wieder ein Blick hinunter auf den Königssee.

3 1,6 (1.025) Am Bildstock („St. Leonhard bitt' für uns!") vorbei, den anstrengendsten Teil des Anstiegs haben Sie nun hinter sich ~ der Kaunersteig ist im mittleren Abschnitt nun ein ganz normaler Wanderpfad ohne gefährliche, ausgesetzte Stellen oder Seilsicherungen, es geht aber weiterhin steil bergauf ~ über eine große Windwurffläche, anschließend über eine Wiese, die Steigung ist nur noch mäßig.

TIPP Mit etwas Glück können Sie hier Murmeltiere entdecken.

An der alten Steinmauer haben Sie das Ende des kleinen Talkessels erreicht ~ hier rechts halten und dem nun steinigeren Pfad

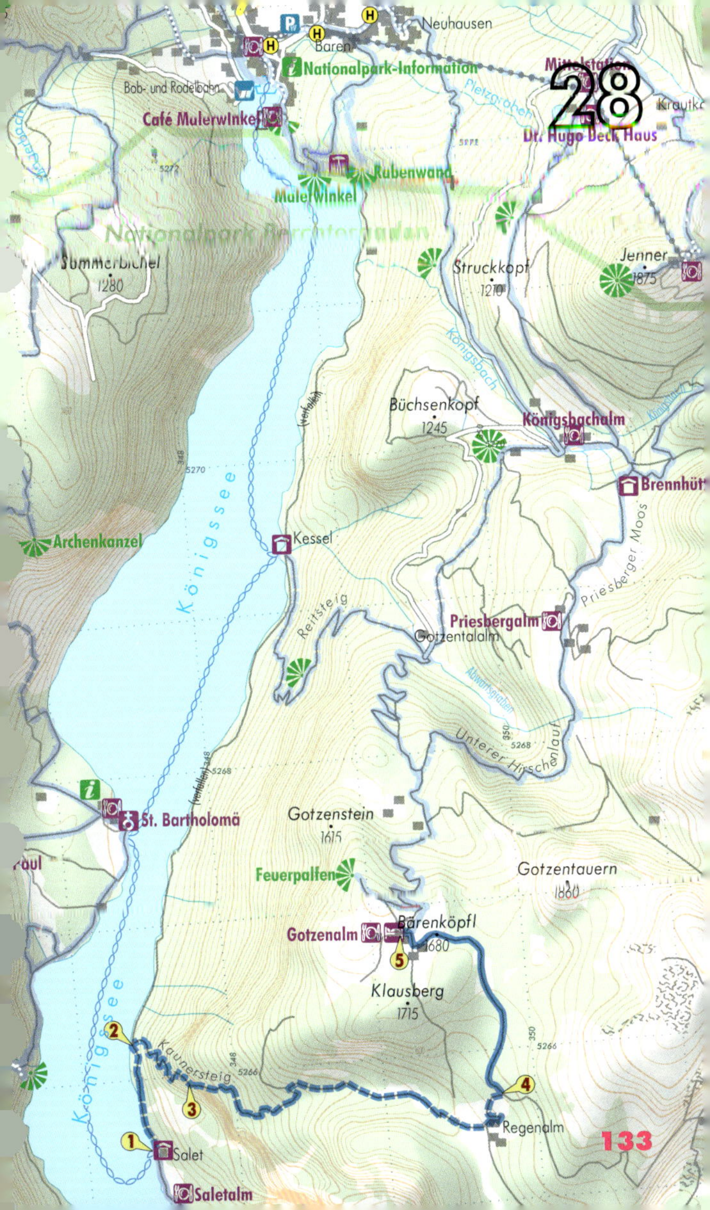
Neuhausen
Baren
Nationalpark-Information
Mittelstation
Krautka
Dr. Hugo Beck Haus
Bob- und Rodelbahn
Café Malerwinkel
Pletzgraben
Rabenwand
Malerwinkel
Nationalpark Berchtesgaden
Summerbichel
1280
Struckkopf
1210
Jenner
1875
Königsbach
Büchsenkopf
1245
Königsbachalm
Brennhütt
Königssee
Archenkanzel
Kessel
Priesberger Moos
Reitsteig
Priesbergalm
Gotzentalalm
Abwärtsgraben
Unterer Hirschenlauf
St. Bartholomä
Gotzenstein
1615
Feuerpalfen
Gotzentauern
1860
Gotzenalm
Bärenköpfl
1680
Klausberg
1715
Kaunersteig
Königssee
Salet
Saletalm
Regenalm

weiter bergauf folgen ⇝ an einer weiteren Steinmauer entlang erreichen Sie die idyllisch gelegene **Regenalm** ⇝ links an der nicht bewirtschafteten Alm vorbei.

Regenalm

4 **4,5 (1.560)** Am Querweg links Richtung Gotzenalm ⇝ am Wiesenhang entlang weiter bergauf ⇝ an der Gabelung links und in den Wald ⇝ dem breiten, aber steinigen Weg im leichten Auf und Ab folgen ⇝ der Weg führt auf die Almfläche der Gotzenalm ⇝ neben der Holzhütte durch das Drehgatter ⇝ hinter der Holzhütte rechts, kurz darauf links und auf die bewirtschafte Alm zulaufen.

Gotzenalm

Gotzenalm, ✆ 08652/690900, ÖZ: Ende Mai-Mitte Okt.

Die Gebäude der Gotzenalm liegen auf einem Hochplateau, das von einem gewaltigen Bergpanorama, u. a. von Steinernem Meer und Watzmann, umgeben ist. Auf den offenen Almwiesen blühen im Spätsommer Arnika und Enzian.

5 **6,6 (1.685)** Von der Gotzenalm wandern Sie wieder auf dem selben Weg zurück nach Salet.

VARIANTE Alternativ können Sie auch auf dem Reitsteig nach Kessel (vgl. Tour 27) oder über die Königsbachalm nach Königssee absteigen (vgl. Tour 26). Auf keinen Fall verpassen sollten Sie den Abstecher zum 20 Min. entfernten Aussichtspunkt Feuerpalfen (s. S. 130).

1 **13,2 (605)** Die Tour endet am Ausgangspunkt.

Salet

Gotzenalm

leicht

Tour 29 7,9 km

Salet – Röthbachfall

Start/Ziel: Königssee, Anlegestelle Salet

Gehzeit: 3 Std. **Aufstieg:** 345 m **Abstieg:** 345 m

Hartbelag: 0 % **Wanderwege:** 49 % **Wanderpfade:** 51 %

Charakteristik: Nach der wunderbaren Schifffahrt über den Königssee führt Sie diese kurzweilige Tour rasch zum ersten Highlight, dem stillen, von steilen Felswänden umgebenen Obersee. Am Talschluss treffen Sie auf den Röthbachfall, Deutschlands höchsten Wasserfall. Unterwegs laden sowohl die Saletalm als auch die Fischunkelalm zur Einkehr.

Markierung: Weiße Schilder des Alpenvereins (Nr. 424).

Anreise/Abreise: Von Königssee mit dem Schiff bis zur Anlegestelle Salet am südöstlichen Ende des Sees. Unbedingt für den Rückweg die Abfahrtszeit des letzten Schiffes beachten!

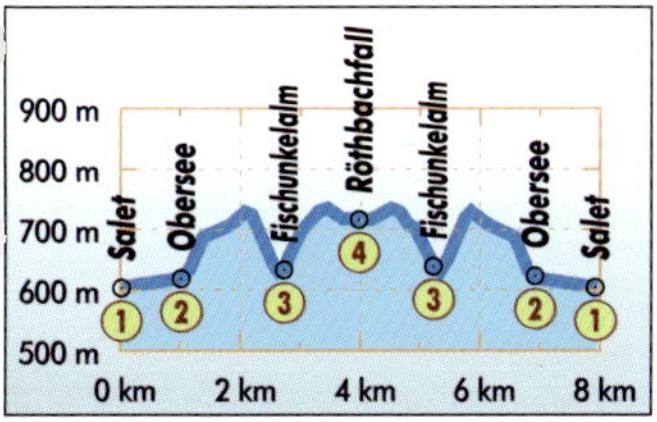

Am Obersee

Salet

Schifffahrt Königssee, ✆ 08652/96360, www.seenschifffahrt.de

1 **0,0 (605)** Vom Schiffsanlegeplatz Salet auf dem Kiesweg rechts am Ufer entlang zur Saletalm.

Saletalm

Saletalm, ✆ 08652/63007, ÖZ: Mitte April-Mitte Okt.

Röthbachfall

Geradeaus leicht ansteigend weiter auf dem Kiesweg ⤳ über den Königsseezufluss in das lockere Waldstück, alle hinzukommenden Wege außer Acht lassen.

TIPP Die großen Felsblöcke im Wald zeugen von nacheiszeitlichen Bergstürzen, die im Zuge der zunehmenden Porosität des Gesteins stattfanden.

Obersee

2 1,0 (615) Sie befinden sich direkt vor einem Bootshaus am Obersee, hier rechts auf den Kiesweg, vorbei an einzelnen Sitzgelegenheiten ⤳ nah am Ufer auf dem schattigen Kiesweg am Obersee entlang ⤳ nach ca. 900 m an der Felswand über zahlreiche Holzstufen und auf den Schotterpfad ⤳ am Ufer entlang, den abzweigenden Pfad nach rechts lassen Sie außer Acht.

3 2,7 (630) An der Fischunkelalm am hinteren Ende des Obersees rechts am Zaun entlang.

Fischunkelalm

Fischunkelalm, traditionell bewirtschaftete Alm direkt am Wasser

Nach dem Viehgatter über den Wiesenpfad, leicht ansteigend den Hang hinauf ⤳ bei der Einmündung auf den von rechts kommenden Pfad folgen Sie diesem nach links in das Waldstück ⤳ nach Durchquerung des Waldstücks hören und erblicken Sie schon von weitem den Röthbachfall, der Pfad führt leicht absteigend über die Wiese.

TIPP Bei der kleinen Baumgruppe auf der Wiese haben Sie den direktesten Blick auf den Wasserfall.

Röthbachfall

Der **Röthbachfall** ist mit einer Fallhöhe von insgesamt 470 m der höchste Wasserfall Deutschlands.

4 3,9 (715) Am Bachlauf haben Sie den Wendepunkt der Tour erreicht, alle weiteren Wege führen auf lange Touren, die nur für Geübte geeignet sind (vgl. Tour 30).

TIPP Nach dem Wasserfall versickern der Röthbach und auch die anderen Bäche

und fließen unterirdisch zum Obersee. Dieses Phänomen ist typisch für Karstgebiete.

Sie gehen den Weg zurück, den Sie gekommen sind.

1 7,9 (605) Die Tour endet wieder am Schiffsanleger Salet.

Salet

Bei der Salet-Alm

schwer

Tour 30 — 30,1 km

Salet – Röthsteig – Wasseralm – Kärlingerhaus (2-Tages-Tour)

Start/Ziel: Königssee, Anlegestelle Salet

Gehzeit: 13–14 Std. **Aufstieg:** 2.335 m **Abstieg:** 2.335 m

Hartbelag: 0 % **Wanderwege:** 11 % **Wanderpfade:** 89 %

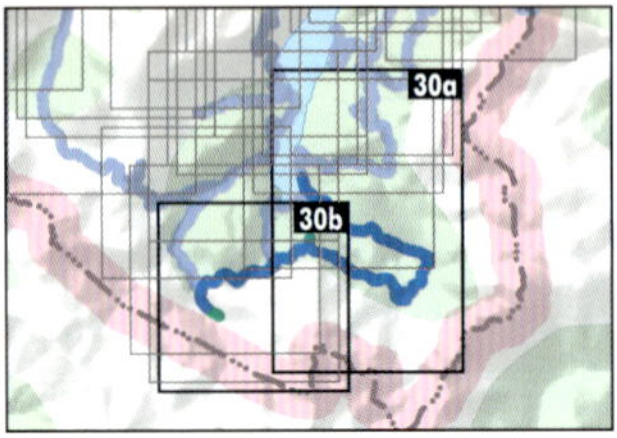

Charakteristik: Die Tour von Salet über den Röthsteig hinauf zur Wasseralm und weiter zum Kärlingerhaus ist eine der beeindruckendsten Touren im Nationalpark Berchtesgaden, setzt aber Trittsicherheit und Schwindelfreiheit voraus. Über den Röthsteig geht es unweit des höchsten Wasserfalls Deutschlands in zahlreichen Serpentinen nach oben, bis Sie schließlich blumenüberzogene Almwiesen erreichen. Ab der Wasseralm geht es durch einsame Bergwälder, vorbei an imposanten Fels-

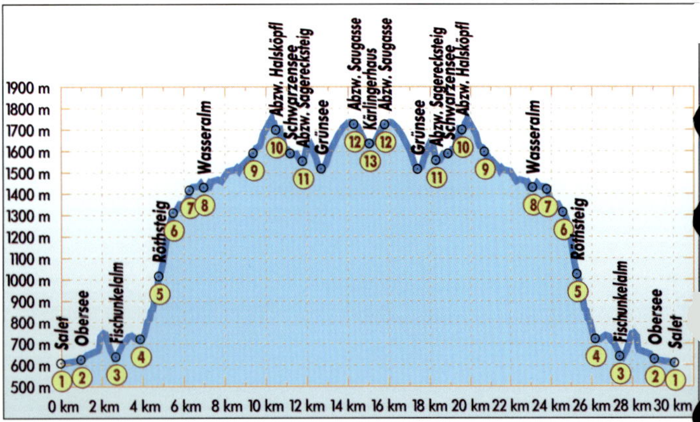

wänden und üppigen Blumenwiesen sowie an den zwei schönen Bergseen Schwarzensee und Grünsee.

Markierung: Weiße Schilder des Alpenvereins, Nr. 424 (bis zur Wasseralm) und 416.

Anreise/Abreise: Von Königssee mit dem Schiff bis zur Anlegestelle Salet am südöstlichen Ende des Sees.

Am Obersee

Tipp: Die Tour ist hin und zurück an einem Tag nicht zu schaffen, als Übernachtungsplätze bieten sich die Wasseralm und das Kärlingerhaus (vorreservieren!) an. Sie können den Rückweg auch variieren und über den Sagereck-steig (vgl. Tour 31) oder durch die Saugasse (vgl. Tour 32) absteigen. Denken Sie an ausreichend Proviant, es gibt zwischen Fischunkelalm und Kärlingerhaus keine Einkehrmöglichkeiten!

Salet

Schifffahrt Königssee, ✆ 08652/96360, www.seenschifffahrt.de

1 **0,0 (605)** Sie starten am Schiffsanlegeplatz Salet, hier auf dem Kiesweg mit einzelnen Sitzgelegenheiten rechts am Ufer entlang zur Saletalm.

Saletalm

Saletalm, ✆ 08652/63007, ÖZ: Mitte April-Mitte Okt.

Geradeaus leicht ansteigend weiter ~ auf dem Kiesweg über den Königsseezufluss in das lockere Waldstück, alle hinzukommenden Wege außer Acht lassen.

Obersee

2 **1,0 (615)** Sie befinden sich direkt vor einem Bootshaus am Obersee, hier rechts auf den Kiesweg ~ nah am Ufer auf dem schattigen Kiesweg rechts am Obersee entlang ~ nach ca. 900 m an der Felswand über zahlreiche Holzstufen und auf den Schollerpfad ~ am Ufer entlang, den abzweigenden Pfad nach rechts lassen Sie außer Acht.

3 **2,7 (630)** An der Fischunkelalm am hinteren Ende des Obersees rechts am Zaun entlang.

Aussicht vom Röthsteig

TIPP Nach Regenfällen kann der Wiesenpfad rechts matschig sein.

4 3,9 (715) Nach der Querung des Baches links halten und auf dem Schotterpfad bergan in den Wald hinein ⇝ in mehreren, immer steiler werdenden Kehren fast 1 km den **Röthsteig** hinauf ⇝ an zwei kurzen Stellen befindet sich ein Seil zum Festhalten.

5 4,8 (1.110) An der T-Kreuzung am kleinen Wasserlauf am Hang nach rechts Richtung Wasseralm ⇝ weiter auf dem schmalen Pfad, es folgt ein felsiger Wegabschnitt mit zahlreichen Stufen und Seilsicherungen, der Pfad ist teilweise ausgesetzt ⇝ am Ende des kehrenreichen Abschnitts führt der Pfad nach rechts weiter ansteigend mit stellenweisen Seilsicherungen in den schattigen Nadelwald in Richtung Röthfall ⇝ im Wald teils unklare Wegführung, beachten Sie die Markierungen des Alpenvereins und halten Sie sich eher links in Richtung Felswand.

6 5,5 (1.315) Direkt an der Felswand befindet sich ein Einschnitt im Fels, ein Seil führt Sie hier rechts ein kurzes Stück an der Felswand hoch, nach einem steilen Teilstück verläuft der Pfad gemächlicher

Fischunkelalm

Fischunkelalm, traditionell bewirtschaftete Alm direkt am Wasser

Nach dem Viehgatter über den Wiesenpfad, leicht ansteigend den Hang hinauf ⇝ bei der Einmündung auf den von rechts kommenden Pfad folgen Sie diesem nach links in das Waldstück ⇝ nach Durchquerung des Waldstücks hören und erblicken Sie schon von weitem den Röthfall, der Pfad führt leicht absteigend über die Wiese.

Röthbachfall

Der **Röthbachfall** ist mit einer Fallhöhe von insgesamt 470 m der höchste Wasserfall Deutschlands, aber dennoch kaum bekannt und nicht touristisch erschlossen.

30a
Unterer Hirschenlauf
St. Bartholomä
Gotzenstein
1615
Feuerpalfen
1680
Klausberg
1715
Kaunersteig
Regenalm
Salet
Saletalm
Mittersee
Obersee
Fischunkelalm
Berchtesgaden
Halsköpfl
1720
30b
Schwarzensee
Kuhscheibe
2010
Röthbachfall
Wasserberg
Röthsteig
Wasseralm
Lehlingkopf
1785
Ebenhorn
2375
Hochscheibe
2460
Funtenseetauern
2580
Graskopf
2520
Hocheck
2230
1
2
3
4
5
6
7
8
9
10

durch den Nadelwald ~ der Pfad führt auf eine kleine Lichtung, diese schräg nach rechts queren und weiter in den Wald hinein ~ dort den Bach über die Holzbrücke queren ~ weiter leicht bergauf im Wald, den Trampelpfad, der nach rechts weggeht, außer Acht lassen.

7 6,3 (1.400) Sie befinden sich nun auf der rechten Seite des Röthbaches ~ ca. 250 m am Bach entlang, dann driftet dieser nach links ab ~ ein kurzes Stück weiter durch den Wald, dann am linken Rand der üppigen Almwiese entlang ~ an der T-Kreuzung links, leicht bergab über den Wiesenpfad zur wunderschön gelegenen Wasseralm, die Sie schon von Weitem erblicken.

Wasseralm

Wasseralm, reines Selbstversorgerhaus

8 7,0 (1.415) An der Wasseralm können Sie ihre mitgebrachte Brotzeit genießen ~ über die Wiese zurück bis zum letzten Abzweig ~ am Abzweig geradeaus hinauf in den lichten Nadelwald ~ diesem schmalen Pfad folgen Sie auf 2,2 km ansteigend und zum Teil sogar geradeaus durch Wald und Wiesen, teils führt er steinig in Kehren in die Höhe, hier ist Trittsicherheit erforderlich.

TIPP In diesem Teilstück sehen Sie viele durch Windwurf entwurzelte Bäume. Da Sie sich in einem Nationalpark befinden, bleibt das Totholz im Bergwald erhalten und wird nicht entfernt.

9 9,4 (1.610) Der Wald hört auf und gibt den atemberaubenden Blick auf die imposanten Wände der Moos- und Kuhscheibe frei ~ dem Pfad nach rechts folgen, nach dem kleinen Geröllfeld wird es steiniger ~ teilweise säumen Latschen den Weg, ohne Ver-

zweigungen folgen Sie dem Pfad 1 km.

10 10,5 (1.675) An der Pfadgabelung geht es links weiter.

AUSFLUG Rechts erreichen Sie nach wenigen Minuten den Gipfel des Halsköpfl, von wo Sie einen sehr schönen Blick auf den Königssee haben.

Auf der Hauptroute weiter dem Pfad folgen, es geht über 600 m bergab ~ am Ufer des Schwarzensees angekommen, folgen Sie dem stellenweise überfluteten Pfad rechts am Bergsee entlang.

Schwarzensee

Das Steinerne Meer ist geformt durch kalklösende Karstprozesse, auf Grund derer das Wasser unterirdisch abfließt. Wenn Sie am Schwarzensee entlang gehen, können Sie rechts bei den kleinen Felsen das unterirdische Wasser im ausgehöhlten Stein rauschen hören.

Vom Ufer zweigt der Pfad nach rechts ab ⤳ dem Pfad im Wald 600 m bergan folgen.

11 11,8 (1.535) Bei der Abzweigung des Sagerecksteiges nach links ⤳ erst über einige Stufen, dann über den steinigen Pfad wieder leicht bergauf über die blumenreiche Lichtung.

VARIANTE Der Sagerecksteig bietet sich als kürzere, aber auch schwierigere Rückwegvariante an (vgl. Tour 31).

Auf der Hauptroute erblicken Sie nach kurzer Zeit linker Hand in einer tiefen Senke den Grünsee.

Grünsee

Sie folgen dem Pfad in einiger Höhe über dem Grünsee ⤳ nach dem Grünsee über 1,3 km recht zügig bergan über die **Himmelsleiter**, die auf die Hochfläche des Kärlingerhauses führt.

12 14,3 (1.705) An der T-Kreuzung mit dem von der Saugasse kommenden Pfad links ⤳ hinab zur weitläufigen Mulde mit dem Kärlingerhaus.

Kärlingerhaus

Kärlingerhaus, ✆ 08652/6091010, ÖZ: Ende Mai-Mitte Okt.

Das in einer Senke gelegene Kärlingerhaus ist ein sehr beliebter Übernachtungsort und Startort für Touren ins Steinerne Meer.

AUSFLUG Vom Kärlingerhaus sind es nur 400 m bis zum Funtensee (s. S. 145).

13 15,1 (1.600) Der Rückweg vom Kärlingerhaus erfolgt entweder auf dem selben Weg oder alterniv über Sagerecksteig (vgl. Tour 31) oder Saugasse (vgl. Tour 32).

1 30,1 (605) Am Schiffsanleger in Salet haben Sie wieder den Ausgangspunkt erreicht.

Salet

Schwarzensee

Funtensee

Funtensee

Der Funtensee liegt in einer Doline, also einer trichterförmigen Vertiefung, die durch den Einbruch unterirdischer Hohlräume entstanden ist. Die Seefläche beträgt etwa 3,5 Hektar, er ist 233 Meter lang und 152 Meter breit. Bekannt ist der See aber nicht für seine Lage und auch nicht für sein Aussehen, sondern für sein Wetter: hier wurden und werden die kältesten Temperaturen in ganz Deutschland gemessen. Der Rekord liegt bei -45,9 Grad Celsius, die hier an Weihnachten 2001 gemessen wurden, aber auch im Hochsommer gibt es hier regelmäßig Nachtfröste.
Die Rekordmessungen beruhen auf den außergewöhnlichen klimatischen Verhältnissen der Talmulde. Die bodennahe Luft kühlt sich durch die nächtliche Ausstrahlung ab. Weil kalte Luft schwerer ist als warme Luft, fließt sie hangabwärts und sammelt sich in Senken wie der Funtenseemulde, wo die schwere, kalte Luft nicht mehr abfließen kann. Je mehr Kaltluft sich ansammelt, desto kälter wird es. Dagegen kann nur 100 Meter höher die Temperatur bereits deutlich wärmer sein, in Extremfällen bis zu 30 Kelvin.
Indirekt äußern sich die mikroklimatischen Besonderheiten des Funtensees auch in einer doppelten Waldgrenze: zusätzlich zur normalen oberen Waldgrenze gibt es um den See auch eine untere Grenze des Waldbewuchses, etwa 60 Meter über dem Seeniveau endet der Baumwuchs. Bis 1964 wurde rund um den See Almwirtschaft betrieben, heute liegt das Gebiet in der Kernzone des Nationalparks, wo eine Nuzung für die Viehwirtschaft nicht gestattet ist. Das Fehlen der Bewaldung um den See ist eine unmittelbare Folge des früheren Almbetriebs, die stets negativen Tiefsttemperaturen – auch im Sommer können Temperaturwerte bis -10 Grad erreicht werden – machen es den Bäumen aber unmöglich, die Lücke wieder zu schließen.

Tour 31 — 14,4 km

Sagerecksteig – Kärlingerhaus

Start/Ziel: Königssee, Schiffsanleger Salet

Gehzeit: 7–8 Std. **Aufstieg:** 1.465 m **Abstieg:** 1.465 m

Hartbelag: 0 % **Wanderwege:** 9 % **Wanderpfade:** 91 %

Charakteristik: Die Tour führt von Salet am südlichen Ende des Königssees über den anspruchsvollen Sagerecksteig hinauf zum Kärlingerhaus. Auf dem stellenweise mit Drahtseilen und Eisenstufen versicherten, felsigen Steig überblicken Sie den Königssee fast in seiner gesamten Länge. Nach dem steilen Anstieg geht es gen Westen am schönen Grünsee vorbei durch Bergwälder zur Himmelsleiter. Danach führt der Pfad hinab zum beliebten Kärlingerhaus und zum Funtensee. Für die Begehung des Sagerecksteiges ist Trittsicherheit und Schwindelfreiheit absolut erforderlich.

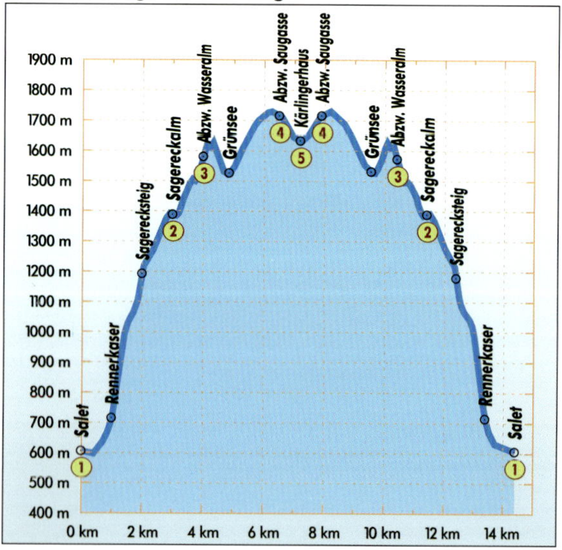

Markierung: Alpenvereinsmarkierung (Nr. 422).

Anreise/Abreise: Von Königssee mit dem Schiff bis zur Anlegestelle Salet am südöstlichen Ende des Sees. Unbedingt für den Rückweg die Abfahrtszeit des letzten Schiffes beachten!

Salet

Schifffahrt Königssee, ✆ 08652/96360, www.seenschifffahrt.de

1 **0,0 (605)** Sie starten am Schiffsanlegeplatz Salet, hier auf dem Kiesweg mit einzelnen Sitzgelegenheiten am Ufer entlang zur Saletalm.

Saletalm

Saletalm, ✆ 08652/63007, ÖZ: Mitte April-Mitte Okt.

Nach der Saletalm geradeaus weiter über den Königsseezufluss ~ bei der ersten Abzweigung nach dem Zufluss rechts ~ an der T-Kreuzung rechts zur Alm ~ vor der Alm links durch den Zaun.

Rennerkaser Saletalm

Rennerkaser Saletalm, traditionell bewirtschaftet

Auf dem Pfad schräg über die Wiese hinauf in den Bergwald ~ der **Sagerecksteig** führt nun 1,8 km ohne Verzweigungen steil bergauf, an zahlreichen Stellen befinden sich Seilversicherungen ~ Sie haben einen herrlichen Ausblick auf den Königssee und St. Bartolomä.

ACHTUNG Der Sagerecksteig führt durch einen fast immer feuchten Geländeeinschnitt mit Farnvegetation. Nach Regenfällen ist der Weg rutschig und nur mit großer Vorsicht zu begehen

2 **3,0 (1.390)** Nach einem kurzen Stück bergab gelangen Sie an die ebene, strauchreiche Lichtung der verfallenen **Sagereckalm** ~ am rechten Rand haltend an der Lichtung entlang ~ nach der Freifläche geradeaus weiter über den stufenreichen Pfad ~ gut 700 m weiter bergauf.

3 **4,0 (1.535)** Auf der Geländestufe angekommen treffen Sie auf den von der Wasseralm kommenden Pfad (vgl. Tour 30) ~ schräg rechts auf den Pfad ~ über einige Stufen, dann über den steinigen Pfad wieder leicht bergauf über die an Blumen reiche Lichtung ~ gut 250 m nach der Gabelung

Rennerkaser Saletalm

Sagerecksteig

wieder bergab, nach kurzer Zeit erblicken Sie linker Hand in einer tiefen Senke den Grünsee.

Grünsee

Sie folgen dem Pfad in einiger Höhe über dem Grünsee ⤳ nach dem Grünsee 1,3 km lang recht zügig bergan über die **Himmelsleiter**, die auf die Hochfläche des Kärlingerhauses führt.

4 **6,5 (1.705)** An der T-Kreuzung mit dem von der Saugasse kommenden Pfad links ⤳ hinab zur weitläufigen Mulde mit dem Kärlingerhaus.

Kärlingerhaus

Kärlingerhaus, ✆ 08652/6091010, ÖZ: Ende Mai-Mitte Okt.

Das in einer Senke gelegene Kärlingerhaus ist ein sehr beliebter Übernachtungsort und Startort für Touren ins Steinerne Meer.

AUSFLUG Vom Kärlingerhaus sind es nur 400 m bis zum Funtensee (s. S. 145).

5 **7,2 (1.600)** Der Rückweg erfolgt über den Anstiegsweg.

ANSCHLUSS Als Rückweg können Sie alternativ auch über die Saugasse nach St. Bartholomä absteigen (vgl. Tour 32).

1 **14,4 (610)** Die Tour endet wieder an der Schiffsanlegestelle Salet.

Salet

Blick auf den Königssee

31
Watzmann-Ostwand
St. Johann und Paul
St. Bartholomä
Eiskapelle
Eisgraben
Feuer
Kirche
1400
Burgstallstein
Schrainbach
Königssee
Kaunersteig
Salet
Saletalm
Mittersee
Rennerkaser
Sagereckssteig
Saugasse
Nationalpark Berchtesgaden
Halsköpfl
1720
Simetsberg
1885
Schwarzensee
Kuhscheibe
2010
Grünsee
Glunkerer
1930
Feldkogel
1885
Kärlingerhaus
Funtensee
Ebenhorn
2375
Hochscheibe
2460
Funtenseetauern
2580
Deutschland
Österreich
1
2
3
4
5

mittel

Tour 32 — 19,1 km

Saugasse – Kärlingerhaus

Start/Ziel: St. Bartholomä

Gehzeit: 8 Std. **Aufstieg:** 1.380 m **Abstieg:** 1.380 m

Hartbelag: 3 % **Wanderwege:** 5 % **Wanderpfade:** 92 %

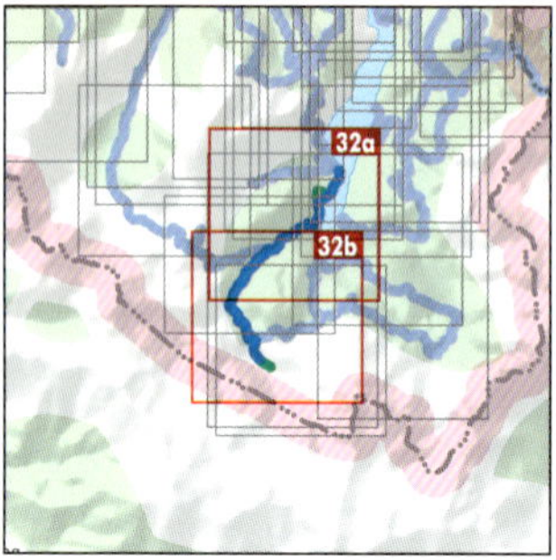

Charakteristik: Der bekannteste und meist begangene Aufstieg vom Königssee ins Steinerne Meer führt durch die sogenannte Saugasse. Idyllisch ist der Start mit dem Elektroboot über den Königssee, schweißtreibend dann der Anstieg über die unzähligen Serpentinen der Saugasse. Ziel der Tour ist das Kärlin-

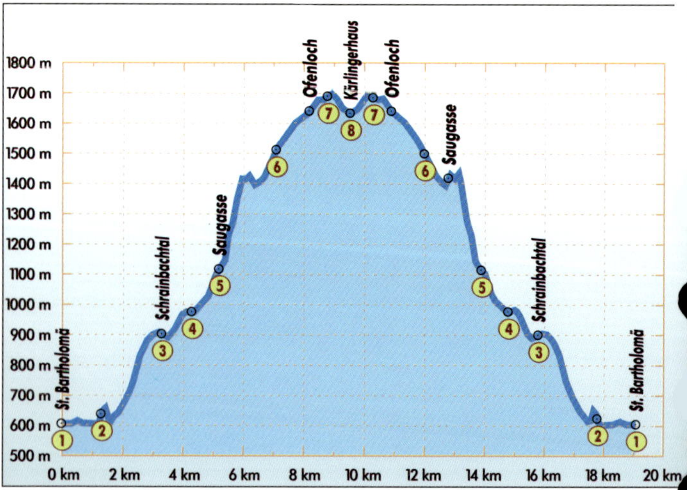

gerhaus, das zusammen mit dem Funtensee in einer Senke in der Bergeinsamkeit des Steinernen Meeres liegt.

Gaststätte St. Bartholomä, ✆ 08652/964937. Das Gebäude wurde um 1700 als Jagdschloss der Pröpste und Chorherren von Berchtesgaden errichtet.

St. Bartholomä

Markierung: DAV-Markierungen (Nr. 412).
Anreise/Abreise: Von Königssee mit dem Schiff nach St. Bartholomä. Unbedingt für den Rückweg die Abfahrtszeit des letzten Schiffes beachten!
Tipp: Im Kärlingerhaus ist eine Übernachtung möglich (vorreservieren!), der Abstieg kann auch – dann allerdings deutlich anspruchsvoller! – über den Sagerecksteig (vgl. Tour 31) oder den Röthsteig (vgl. Tour 30) erfolgen.

St. Bartholomä

Schifffahrt Königssee, ✆ 08652/96360, www.seenschifffahrt.de

Nationalpark-Informationsstelle, ÖZ: Mitte Mai-Mitte Okt. Thema der Ausstellung in einer hist. Waldarbeiterhütte sind die ständigen Veränderungen in der Natur.

Wallfahrtskirche. Die romanische Basilika wurde 1134 geweiht, beim Umbau 1698-1710 erhielt die Kirche ihr heutiges, barockes Äußeres.

St. Bartholomäus gilt als Schutzpatron der Almbauern und Sennerinnen. Die ihm geweihte Wallfahrtskirche mit der roten Kuppel gilt als Wahrzeichen des Königssees. Jedes Jahr am Samstag nach dem 24. August (Bartholomäustag) erreicht die Almer Wallfahrt, die älteste Gebirgswallfahrt Europas, von Maria Alm im Salzburger Land durch das Steinerne Meer kommend den Königssee.

1 **0,0 (605)** Die Wanderung beginnt am Schiffsanleger in St. Bartholomä ~ der Beschilderung zum Kärlingerhaus nach links folgen, anfangs parallel zum Seeufer ~ am Bootshaus vorbei ~ den

Schrainbachfall

Mündungsbereich des Eisbaches überqueren bzw. bei Hochwasser der Beschilderung zur Brücke folgen und den Bach dort überqueren.

2 1,3 (615) An der Abzweigung auf dem Hauptweg bleiben, Sie entfernen sich im weiteren Wegverlauf vom Seeufer und wandern am Hang entlang stetig bergauf ~ der Aufstiegspfad ist sehr steil und teilweise betoniert, durch die Bäume ergeben sich immer wieder schöne Ausblicke auf Königssee und Obersee, Sie werden vom Rauschen des Schrainbachfalls begleitet.

3 3,3 (900) Im Wiesengrund an der **Schrainbachholzstube** vorbei und den Schrainbach überqueren ~ auf dem schönen, gut gepflegten Wanderpfad durch das Schrainbachtal.

4 4,3 (1.020) Am Abzweig zum Trischübelpass links halten und dem Hauptweg Richtung Kärlingerhaus folgen ~ weiter durch den bewaldeten Talboden, einst befand sich hier das Weidegebiet der heute verfallenen **Unterlahneralm**.

5 5,2 (1.040) Am Talschluss haben Sie den Ausgangspunkt der bekannten **Saugasse** erreicht ~ umrahmt von Felsen folgen Sie nun den zahlreichen engen Serpentinen des kleinen Pfades steil bergauf.

Saugasse

Die Saugasse ist eine schluchtartige Steilrinne etwa auf halbem

Blick auf die Saugasse

Weg von St. Bartholomä zum Kärlingerhaus. Die Gasse führt am Nordwesthang des Simetsbergs steil bergauf und wird dabei von den Felshängen des Graskopfes und des Gjaidkopfes flankiert. Der Höhenunterschied vom unteren Ende zum oberen Ende der bis zu 40 Grad steilen Gasse beträgt mehr als 300 Meter. Anstrengend ist der Abschnitt nicht nur wegen der Steilheit, sondern auch, weil der Weg meist der Sonne ausgesetzt ist.

Am oberen Ende der Saugasse geradeaus weiter durch den sog. **Bärengraben** – am erneuten Abzweig zum Trischübelpass geradeaus weiter.

TIPP Einst befand sich hier das Weidegebiet der Oberlahneralm, der Almbetrieb ist in der Kernzone des Nationalparks aber nicht gestattet, deshalb erobert sich die Natur das

Funtensee

einstige Almgebiet ähnlich wie bei der Unterlahneralm nach und nach wieder zurück.

6 7,1 (1.530) Am südlichen Ende des früheren Weidegebietes knickt der Pfad nach Südosten ab ~ mit zahlreichen Serpentinen weiter bergauf.

TIPP Man nennt diesen Wegabschnitt auch „kleine Saugasse", die Steigung ist aber deutlich moderater als in der Saugasse.

Sie wandern durch eine spärlich bewaldete, einsame Hochfläche, das sog. **Ofenloch** ~ vom **Funtenseesattel** aus führt der Pfad nun leicht bergab.

7 8,8 (1.705) An der Gabelung rechts Richtung Kärlingerhaus.

ANSCHLUSS Links würde Sie die Rückwegalternative über den anspruchsvollen Sagerecksteig (vgl. Tour 31) oder auch über den Röthsteig (vgl. Tour 30) nach Salet am Königssee führen.

Es trennen Sie jetzt nur noch 700 m vom Ziel der Tour, dem Kärlingerhaus.

Kärlingerhaus

Kärlingerhaus, ✆ 08652/6091010, ÖZ: Ende Mai-Mitte Okt.

Das in einer Senke gelegene Kärlingerhaus ist ein sehr beliebter Übernachtungsort und Startort für Touren ins Steinerne Meer.

AUSFLUG Vom Kärlingerhaus sind es nur 400 m bis zum Funtensee (s. S. 145).

8 9,5 (1.630) Der Rückweg vom Kärlingerhaus nach St. Bartholomä erfolgt wieder auf dem Anstiegsweg durch die Saugasse.

1 19,1 (605) Die Tour endet am Schiffsanleger in St. Bartholomä.

St. Bartholomä

Kärlingerhaus und Funtensee

leicht

Tour 33 Wimbachtal

8,6 km

Start/Ziel: Ramsau, Wimbachbrücke

Gehzeit: 3 Std. **Aufstieg:** 335 m **Abstieg:** 335 m

Hartbelag: 9 % **Wanderwege:** 87 % **Wanderpfade:** 4 %

Wimbachgries

Charakteristik: Das Wimbachtal (s. S. 157) ist das mittlere der drei Haupttäler des Nationalparks Berchtesgaden. Dabei ist es vermutlich das beeindruckendste und ruhigste der drei Täler. Die „Wanderung durch 70 Millionen Jahre Erdgeschichte“ führt gleich zu Beginn durch die imposante Wimbachklamm, später verläuft der breite Wanderweg nur noch leicht ansteigend bis zum Wimbachschloss, einem früheren Jagdhaus der Wittelsbacher.

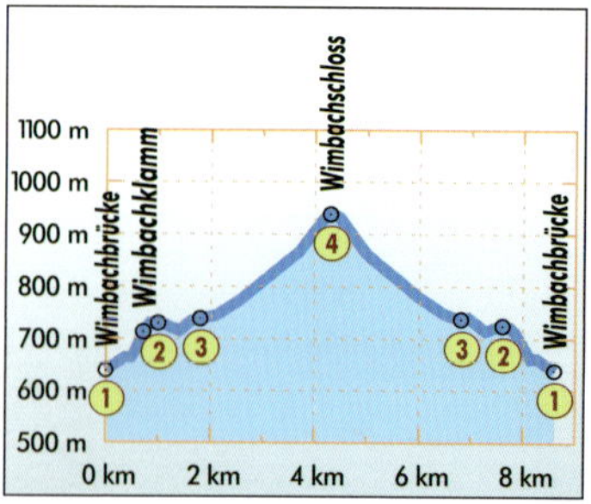

Markierung: Gelbe DAV-Schilder (Nr. 421).

Anreise/Abreise: Mit dem Bus 846 bis Haltestelle Wimbachbrücke. Der kostenpflichtige Wanderparkplatz Wimbachbrücke liegt an der B 305 zwischen Berchtesgaden und Ramsau.

Wimbachtal

Wimbachtal

Ein bis zu 300 Meter mächtiger Schuttstrom prägt das Bild des hinteren Wimbachtals. Mit ein bisschen Phantasie kann man sich noch vorstellen, wie der Gletscher durch das Tal geflossen ist und die Hänge geformt hat. Was man im Wimbachtal hingegen nicht findet, sind Autos, Lärm und Siedlungen. Das 12 Kilometer lange Tal gehört zu den letzten Urlandschaften Mitteleuropas, vor allem im Winterhalbjahr kann sich die Natur hier völlig frei von menschlichen Einflüssen entwickeln. Damit zählt das Wimbachtal zu den beeindruckendsten Tälern der bayerischen Alpen. Entstanden ist das Tal durch den Einsturz des von Watzmann und Hochkalter gebildeten Gewölbes, man kann noch erahnen, dass die beiden Bergmassive einst verbunden waren. In den Eiszeiten höhlten die Gletscher das Tal bis weit unter den heutigen Talboden aus, vermutlich gab es auch im Wimbachtal wie im benachbarten Königsseer Tal einen See. Der Talboden wurde aber später durch Gesteinsschutt angehoben und der See somit verschüttet.

Während im vorderen Wimbachtal der wasserlösliche, relativ weiche Dachsteinkalk die Talflanken dominiert, findet man im hinteren Talbereich ab dem Wimbachschloss den aufgrund seines höheren Magnesiumanteils deutlich härteren, spröderen Ramsaudolomit, der anfällig für Frostsprengungen ist und somit Material für den Schuttstrom im Talboden liefert. Im Königsseer Tal dominiert rundum der weniger erosionsanfällige Kalkstein, sodass der Königssee bis heute erhalten geblieben ist und nicht verschüttet wurde.

Weil das Wasser im Dolomit-Schutt nicht versickern kann, fließt es oberflächlich ab und reißt das Gesteinsmaterial mit sich fort. Durch die ständigen Umlagerungen ist der Schuttstrom tatsächlich in Bewegung, etwa 4.500 Tonnen Gestein verlassen Jahr für Jahr durch die Wimbachklamm das Tal.

Wimbachklamm

Wimbachbrücke

Nationalpark-Informationsstelle Wimbachtal, ÖZ: Mo-Sa 9-17 Uhr; Informationen zu Geologie und Landschaftsgeschichte sowie Pflanzen, Tieren und Gesteinen am Weg.

Hocheck, ✆ 08657/983586

1 **0,0 (630)** Sie starten die Wanderung am Wanderparkplatz Wimbachbrücke ~ an der Gabelung rechts in den **Wimbachweg**, vorbei am **Wirtshaus Hocheck** ~ neben **Wimbach's Wollstadel** steht der Kassenautomat für die Wimbachklamm ~ auf dem nun nicht mehr asphaltierten Weg geradeaus weiter ~ am Abzweig links zur Wimbachklamm.

VARIANTE Wenn Sie nicht durch die kostenpflichtige Klamm wandern wollen, können Sie einfach geradeaus dem Fahrweg folgen.

Wimbachklamm

Wimbachklamm, ÖZ: Mai-Okt., 7-19 Uhr. Infos bei der Tourist-Information Ramsau, ✆ 08657/988920

Die 200 Meter lange Wimbachklamm ist eine geologische Sehenswürdigkeit und ein spektakuläres Naturschauspiel. Der Wimbach hat sich tief in Gesteinsschichten aus 50 Millionen Jahren Erdgeschichte eingegraben. An vielen Stellen stürzt Wasser von den hoch aufragende Seitenwänden. Ursprünglich legten Ramsauer Holzknechte einen Steg durch die Wimbachklamm an, um für die Saline in Berchtesgaden die Holztrift durch die Wimbachklamm zu ermöglichen. Seit 1847 ist die Klamm für Touristen zugänglich, jährlich kommen etwa 100.000 Besucher.

In der Klamm wandern Sie über eingebaute Stege und Treppen entlang des Wimbaches aufwärts ~ am oberen Ende der Klamm durch das Drehkreuz und geradeaus weiter.

2 **1,0 (705)** Sie stoßen wieder auf den Fahrweg, hier links ~ das Tal öffnet sich, gewaltige Schuttströme bestimmen nun das Bild ~ Sie folgen stets dem breiten Kiesweg talaufwärts, der Blick reicht nach links auf das Watzmann-, nach rechts auf das Hochkaltermassiv und geradeaus auf die Palfenhörner.

Gerstreit
Fegg
33
St. Sebastian
Ramsau
Hammer
B305
Wimbachbrücke
Nationalpark Berchtesgaden
Wimbachklamm
Stubenalm
Wimbach
Watzmannhaus
Falzkopf
1915
Wimbachschloss
Wimbachtal
Hocheck
2650
Mittelspitze
2715
Hochgraben
Watzmann
Südspitze
2710
Watzmann-Ostwand
Zirbeneck
1795
Griespitze
2260
Eiskapelle

Wimbachschloss

3 **1,8 (725)** Den Abzweig über die Brücke ignorieren ~ weiter auf dem breiten Fahrweg, der zwischendurch etwas mehr ansteigt ~ Sie wandern am bewaldeten Talrand, der zentrale Bereich des Talbodens ist bereits hier unten überwiegend von Schotter und Geröll bedeckt.

4 **4,3 (935)** Sie erreichen schließlich das bewirtschaftete Wimbachschloss, den Endpunkt der Tour.

Wimbachschloss

Wimbachschloss, ✆ 08657/343, ÖZ: Mitte Mai Mitte Okt., tägl. 10-17 Uhr

Wimbachtal

Das Wimbachschloss wurde von Joseph Conrad von Schroffenberg, dem letzten Berchtesgadener Fürstprobst, 1784 erbaut und diente als Unterkunftshaus für Jagden im Wimbachtal. Später kam das Haus in den Besitz der Wittelsbacher, vor allem König Max Joseph II. und Prinzregent Luitpold hielten sich oft zur Hofjagd im Wimbachtal auf. Im 20. Jahrhundert erfolgte der Umbau zur Gastwirtschaft. Ein neuer Schutzwall soll das Wimbachschloss vor Lawinen schützen, die hier jeden Winter ins Tal donnern.

ANSCHLUSS Wenn Sie noch weiter durch das Wimbachgries zur Wimbachgrieshütte wandern wollen, können Sie der Beschreibung bei Tour 34 folgen.

Sie wandern auf dem selben Weg zurück bis Wegpunkt 2.

2 **7,6 (705)** Auf dem Rückweg umgehen Sie die Wimbachklamm auf dem breiten Fahrweg.

1 **8,6 (630)** Die Wanderung endet wieder an der Wimbachbrücke.

Wimbachbrücke

mittel

Tour 34 — 19,8 km

Watzmannrunde

Start: Ramsau, Wimbachbrücke
Ziel: St. Bartholomä

Gehzeit: 8 Std. **Aufstieg:** 1.190 m **Abstieg:** 1.225 m
Hartbelag: 4 % **Wanderwege:** 33 % **Wanderpfade:** 63 %

Charakteristik: Die Rundtour um das Watzmann-Massiv ist eine der schönsten und abwechslungsreichsten Wandertouren in den Berchtesgadener Alpen, wenn nicht gar in den gesamten Bayerischen Alpen. Bei dieser Tour ist alles dabei, der Blick auf Königssee und Obersee, die Umrahmung von Watzmann und Hochkalter, die Wimbachklamm und das beeindruckende Wimbachgries, Murmeltiere und Gämsen, am Ende schließlich die bekannte Wallfahrtskirche in St. Bartholomä. Ingesamt ist die

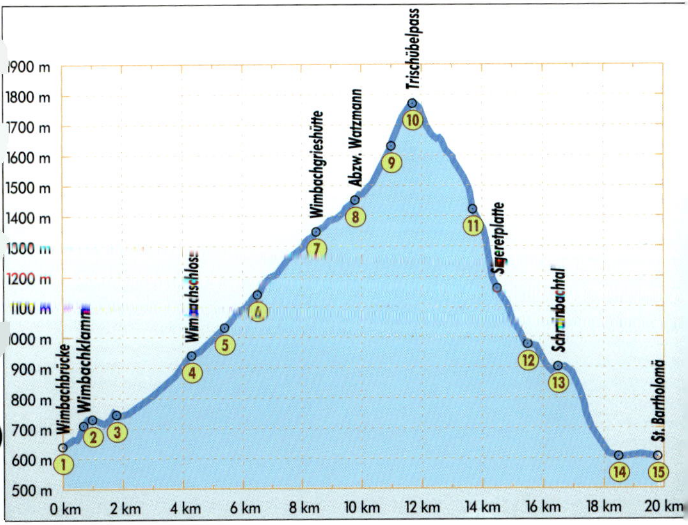

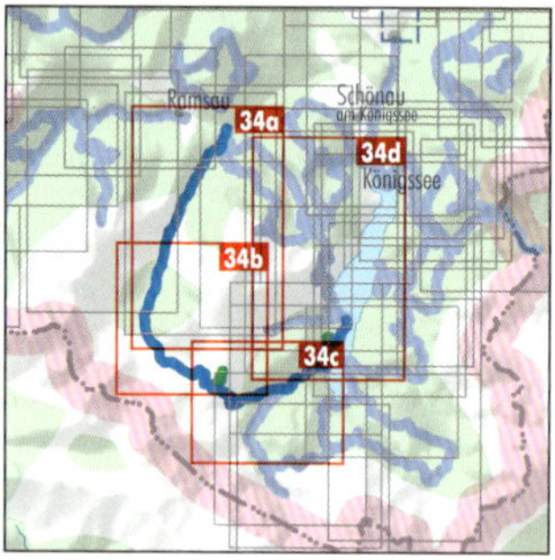

Tour sehr lange, aber nicht schwierig. Auf der Sigeretplatte folgt eine kurze, ausgesetzte Querung, die zwar gut gesichert ist, aber dennoch Trittsicherheit erfordert.

Markierung: Gelbe DAV-Wegweiser.

Anreise/Abreise: Die Wimbachbrücke liegt an der B 305 zwischen Berchtesgaden und Ramsau und ist ab Berchtesgaden mit dem Bus 846 erreichbar. Die Rückfahrt erfolgt von St. Bartholomä mit dem Schiff über den Königssee und weiter mit dem Bus zurück nach Berchtesgaden.

Tipp: In der Wimbachgrieshütte ist eine Zwischenübernachtung möglich, in St. Bartholomä jedoch nicht, sodass Sie unbedingt die Abfahrtszeit des letzten Schiffes beachten sollten.

Wimbachbrücke s. S. 158

1 **0,0 (630)** Sie starten die Wanderung am Wanderparkplatz Wimbachbrücke ~ an der Gabelung rechts in den **Wimbachweg** ~ am Kassenautomat für die Wimbachklamm vorbei ~ auf dem nun nicht mehr asphaltierten Weg geradeaus weiter ~ am Abzweig links hinunter zur Klamm.

Wimbachklamm s. S. 158

In der Klamm wandern Sie über eingebaute Stege und Treppen entlang des Wimbaches aufwärts

Blick auf den Watzmann

St. Sebastian
Ramsau
Bergkurgarten
B305
Hammerstie
34a
Wimbachklamm
Stubenalm
Wimbach
Wimbachschloss
Watzmannhaus
Falzkopf
1915
Wimbachtal
34b
Hocheck
2650
Kleiner Wat
2305
Mittelspitze
Watzmann
Südspitze
2710
Watzmann-Ostwand
Eiskapelle
Zirbeneck
1795
Griespitze
2260
Wimbachgrieshütte
Kirche
1400

~ am oberen Ende der Klamm durch das Drehkreuz und geradeaus weiter.

2 1,0 (705) Sie stoßen wieder auf den Fahrweg, hier links ~ das Tal öffnet sich, gewaltige Schuttströme bestimmen nun das Bild ~ Sie folgen stets dem breiten Kiesweg talaufwärts, der Blick reicht nach links auf das Watzmann-, nach rechts auf das Hochkaltermassiv und geradeaus und geradeaus auf die Palfenhörner.

3 1,8 (725) Den Abzweig über die Brücke ignorieren ~ weiter auf dem breiten Fahrweg, der zwischendurch etwas mehr ansteigt ~ Sie wandern am bewaldeteten Talrand, der zentrale Bereich des Talbodens ist überwiegend von Schotter und Geröll bedeckt.

4 4,3 (935) Sie erreichen das bewirtschaftete Wimbachschloss.

Wimbachschloss **s. S. 160**

Weiter dem breiten Weg durch das Tal folgen, den Abzweig zur Schärtenspitze ignorieren ~ knapp oberhalb des Schlosses quert der Weg zum ersten Mal eine aus den Wänden des Hochkalters herunterziehende Schuttrinne (zum Wimbachtal s. S. 157).

5 5,4 (1.035) An der Gabelung nach dem Waldstück rechts in den etwas schmaleren Weg ~ nach 800 m im Wald überqueren Sie ein großes Geröllfeld.

Blick zurück ins Wimbachtal

6 6,5 (1.135) Die rot-weiß-rote Markierung zeigt an, wo es wieder in den Wald geht ~ auf dem Pfad vorbei an einer Schutzhütte ~ neben der Rastbank weist die Beschilderung rechts auf das Wimbachgries, auf dem Sie nun die letzten 300 m bis zur Wimbachgrieshütte zurücklegen.

Wimbachgries

Wimbachgrieshütte, ✆ 08657/344, ÖZ: Mitte Mai-Mitte Okt.

7 8,5 (1.335) An der Wimbachgrieshütte geradeaus weiter Richtung Trischübel, St. Bartholomä ~ kurz durch Kiefernwald, danach erneut eine Schuttfläche überqueren ~ der Pfad führt nun am Rande der Schuttfläche entlang, hier wachsen aufgrund der extremen Standortverhältnisse nur

einzelne Latschen und Spirken ~ meist auf steinigem Untergrund, teilweise sind die Steine aber auch schon zu Sand zerrieben.

8 **9,8 (1.430)** Am Abzweig zum Watzmann – hier beginnt die traditionelle Überquerung des majestätischen Bergmassivs von der Südseite – geradeaus weiter ~ zum Talende hin wird der Weg noch steiniger und auch steiler, die zahlreichen rot-weißen Markierungen an den Bäumen machen die Orientierung aber nach wie vor leicht ~ weiter oben führt der Weg kurz in den Hangwald.

9 **11,0 (1.630)** Den Wald verlassen und ein weiteres Geröllfeld, den Banngraben, überqueren ~ am Hang entlang weiter.

TIPP Nach rechts unten bieten sich großartige Blicke auf das Wimbachtal mit dem Talboden, der sich scheinbar wie ein Motorrad in die

Kurve legt, eine Folge der Gletscherbewegungen in den Eiszeiten.

Trischübelpass

Über den Holzsteg an der Felsnase entlang ⁓ zurück im Wald steigt der Weg in Serpentinen weiter an ⁓ am Abzweig zum Hirschwieskopf rechts halten.

AUSFLUG Wenn Sie die Tour noch mit einer Gipfelbesteigung bereichern wollen, bietet sich der Hirschwieskopf (2.114 m) geradezu an. Der Aufstieg ist sehr steil, aber nicht sonderlich gefährlich. Für Auf- und Abstieg sollten Sie zwei Zusatzstunden einplanen.

Auf der Hauptroute erreichen Sie nach wenigen Minuten den Trischübelpass und somit den höchsten Punkt der Tour.

Trischübelpass

Der Name Trischübel stammt aus dem mittelhochdeutschen und bedeutet Schwelle/Bodenschwelle. Gemeint ist der Übergang vom Wimbachtal ins Königsseer Tal bzw. ins Steinerne Meer. Flora und Fauna sind hier oben deutlich üppiger und abwechslungsreicher als im steinigen Talboden, bunte Alpenblumen mit Schmetterlingen und Bienen säumen den Weg.

Auf der nun folgenden Abstiegsroute sind häufig Murmeltiere anzutreffen, sehenswert sind auf den nächsten Kilometern auch die gegelegentlichen Korallenstöcke im verkarsteten Dachsteinkalk.

10 **11,7 (1.765)** Am Trischübelpass halten Sie sich links und beginnen den Abstieg durch eine traumhaft schöne, meist einsame Landschaft Richtung St. Bartholomä ⁓ an den Kalkfelsen entlang nochmals kurz bergauf, anschließend beginnt ein steiler Abstieg ⁓ am unteren

Auf dem Abstiegspfad

Ende der Holztreppe links halten und durch das Geröllfeld hinab.

11 13,7 (1.410) An der Abzweigung links halten, der Weg rechts führt über den Oberlahnersteig zum Kärlingerhaus ~ durch den Mischwald weiterhin relativ steil bergab ~ ⚠ an der **Sigeretplatte** beginnt eine kleine Kletterpassage mit Seilsicherung und Trittstufen.

TIPP Hier bietet sich ein schöner Blick hinüber zur Saugasse, den bekanntesten Aufstieg zum Kärlingerhaus (vgl. Tour 32).

Nach 100 m beginnt eine erneute Passage mit Seilsicherung, der Pfad führt in einem ausgesprengten Band ausgesetzt direkt an der Felswand entlang ~ anschließend auf gleichbleibender Höhe am Hang entlang weiter, beim Überqueren der Felsblöcke müssen Sie manchmal die Hände zu Hilfe nehmen ~ erneut in Serpentinen bergab.

12 15,5 (1.020) Sie stoßen auf den Weg von St. Bartholomä zum Kärlingerhaus, hier nach links ~ auf dem schönen, gut gepflegten Wanderpfad durch das **Schrainbachtal**.

13 16,5 (900) Im Wiesengrund über den Schrainbach und an der **Schrainbachholzstube** vorbei ~ nach einem kurzen Anstieg

Ausgesetzte Querung an der Sigeretplatte

haben Sie durch die Bäume erstmals einen Blick auf den smaragdgrünen Königssee, hier beginnt nun der relativ steile Abstieg hinunter ans Seeufer ~ der Abstiegspfad ist sehr steil und teilweise betoniert, die schönen Aussichten auf Königssee und Obersee entschädigen aber für den unangenehmen Weg.

14 18,5 (615) Sie erreichen schließlich das Seeufer, bei Hochwasser müssen Sie hier links abbiegen, um den Eisbach auf einer Brücke zu überqueren ~ im Normalfall können Sie den Mündungsbereich des Eisbachs trockenen Fußes überqueren und folgen weiterhin dem Ufer des Königssees ~ am Bootshaus vorbei, am Ende des Waldstücks blicken Sie auf die berühmte Wallfahrtskirche in St. Bartholomä ~ mehrere Einkehrmöglichkeiten, Souvenirshops und die sehenswerte Kirche machen St. Bartholomä zu einem wahren Tourismuszentrum, ein interessanter Kontrast zur teilweise recht einsamen Wanderung.

15 19,8 (605) Die Wanderung endet am Schiffsanleger St. Bartholomä.

AUSSTIEG Finaler Höhepunkt der Wanderung ist die Fahrt mit dem Schiff über den Königssee. Mit dem Bus geht es dann zurück nach Berchtesgaden.

St. Bartholomä s. S. 171

Schifffahrt Königssee, ☎ 08652/96360, www.seenschifffahrt.de

St. Bartholomä

Königsse
34d
Nationalpark
Grünstein
1385
Grünsteinhütte
Bob- und Rodelbahn
Café Malerwinkel
Malerwinkel
Schapbachalm
Nationalpark Berchtesgad
Sommerbichel
1280
Mitterkaseralm
Waldklimastation
Falzalm
Kührointhütte
St. Bernhard
Archenkanzel
Königssee
Kessel
Mooslahnerkopf
1815
Kleiner Watzmann
2305
Rinnkendlsteig
Reitsteig
St. Bartholomä
Gotzenstein
St. Johann und Paul
Eisgraben
Feuerpalfen
Gotzenalm
Burgstallstein
1280
34c
34b
Schrainbach
Kaunersteig
Königssee
13
14
15

leicht

Tour 35 — 6,4 km

St. Bartholomä – Eiskapelle

Start/Ziel: St. Bartholomä

Gehzeit: 2 Std. **Aufstieg:** 280 m **Abstieg:** 280 m

Hartbelag: 0 % **Wanderwege:** 35 % **Wanderpfade:** 65 %

Charakteristik: Während sich bei der Schiffsanlegestelle und den Gaststätten in St. Bartholomä meist viele Menschen tummeln, sieht es etwas abseits davon schon ganz anders aus: Auf dieser kurzen Wanderung können Sie die malerische Lage der kleinen Halbinsel und die herrliche Natur in aller Ruhe auf sich wirken lassen. Der Weg führt Sie in das von steilen Felsen umgebene Kar, in dessen hinterem Bereich am Fuß der Watzmann-Ostwand die Eiskapelle liegt. Der Wanderweg dorthin ist gut begehbar, lediglich die letzten paar Meter hin zur Eishöhle führen weglos über ein Geröllfeld.

St. Bartholomä

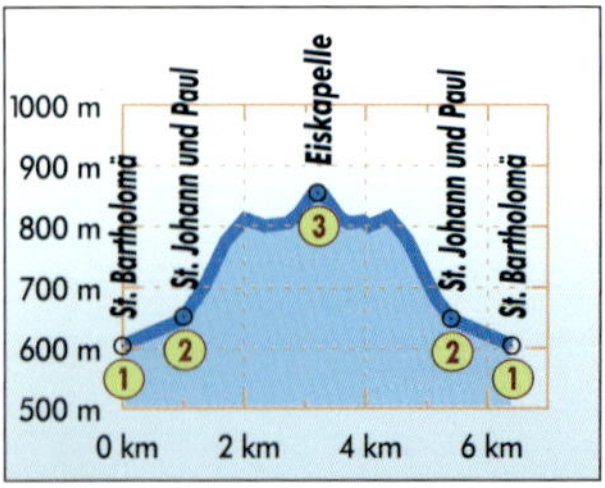

Markierung: Durchgehende Markierung (Nr. 446).

Anreise/Abreise: Mit Bus oder Auto nach Königssee und weiter mit dem elektrisch betriebenen Schiff nach St. Bartholomä.

St. Bartholomä

Nationalpark-Informationsstelle, ÖZ: Mitte Mai-Mitte Okt. Thema der Ausstellung in einer hist. Waldarbeiterhütte sind die ständigen Veränderungen in der Natur.

Schifffahrt Königssee, ✆ 08652/96360, www.seenschifffahrt.de

Gaststätte St. Bartholomä, ✆ 08652/964937. Das Gebäude wurde um 1700 als Jagdschloss der Pröpste und Chorherren von Berchtesgaden errichtet.

Wallfahrtskirche. Die romanische Basilika wurde 1134 geweiht, beim Umbau 1698-1710 erhielt die Kirche ihr heutiges, barockes Äußeres.

St. Bartholomäus gilt als Schutzpatron der Almbauern und Sennerinnen. Die ihm geweihte Wallfahrtskirche mit der roten Kuppel gilt als Wahrzeichen des Königssees. Jedes Jahr am Samstag nach dem 24. August (Bartholomäustag) erreicht die Almer Wallfahrt, die älteste Gebirgswallfahrt Europas, von Maria Alm im Salzburger Land durch das Steinerne Meer kommend den Königssee.

1 **0,0 (605)** Vom Schiff kommend wenden Sie sich der Beschilderung Richtung Eiskapelle folgend nach rechts ⁓ am Wirtshaus und der Kapelle vorbei ⁓ an der Kreuzung am Waldrand bei den letzten Häusern nach links ⁓ erst am Waldrand entlang, dann schnurgerade durch den Wald ⁓ der Weg führt an den Bach heran.

2 **1,0 (650)** Bei der Kapelle St. Johann und Paul links über den Bach hinüber.

Kapelle St. Johann und Paul (1617-1620). Die Kapelle wurde im spätgotischen Stil errichtet, obwohl andernorts bereits im Barockstil gebaut wurde. Vermutlich heidnisches Quellheiligtum unter der Kirche.

In der Linkskehre des Wanderpfades bergauf ⁓ der Weg führt Sie in Kurven hinauf, allmählich wird es flacher ⁓ über das Bächlein hinüber ⁓ Sie lassen den Wald hinter sich und wandern zwischen Latschenkiefern hindurch ⁓ über das Geröllfeld geht es hinauf zur Eiskapelle, dahin-

Kapelle St. Johann und Paul

Blick auf die Eiskapelle

ter ragt steil die 1.800 m hohe Watzmann-Ostwand empor.

Eiskapelle

Die **Watzmann-Ostwand** ist mit 1.800 m reiner Wandhöhe die höchste Wand der Ostalpen. Der Sage nach wurde im Watzmannmassiv ein grausamer König mit seiner Frau und seinen sieben Kindern versteinert.

Die Eiskapelle liegt im wohl niedrigsten ganzjährigen Schneefeld der Alpen. Der Schnee der zahlreichen Lawinen, die im Frühjahr von der Watzmann-Ostwand herabstürzen, sammelt sich im Wandwinkel und hält sich das ganze Jahr. An der Stelle, wo der Eisbach sich seinen Weg durch den Schnee bahnt, bildet sich ein gewölbeartiges Tor, die sogenannte Eiskapelle, die je nach Schneemenge und Jahreszeit unterschiedlich groß ist.

ACHTUNG Vor einer Begehung der Eiskapelle muss dringend abgeraten werden, sie ist stark einsturzgefährdet. Durch herabstürzendes Eis sind hier Wanderer schon zu Tode gekommen.

3 **3,2 (840)** Sie kehren auf dem gleichen Weg zurück nach St. Bartholomä.

1 **6,4 (605)** An der Schiffsanlegestelle haben Sie wieder den Ausgangspunkt der Wanderung erreicht.

St. Bartholomä

Blick auf St. Bartholomä

Unterschönau II
Fischerlebnisv
Königssee
35
Grünstein
1385
Grünsteinhütte
Nationa
Bob- und Rodelbahn
Café Malerwinkel
Stubenalm
Schapbachalm
Malerwinke
Nationalpark Berchtes
Sommerbichel
1280
Mitterkaseralm
Waldklimastation
Falzalm
Kührointhütte
St. Bernhard
Archenkanzel
Königssee
Kessel
Mooslahnerkopf
1815
Kleiner Watzmann
2305
Rinnkendlsteig
Reitsteig
-Ostwand
St. Bartholomä
St. Johann und Paul
kapelle
Eisgraben
Feuerpalfen
Gotzenalm
1615
Burgstallstein
1280
Schrainbach
Kaunersteig

schwer

Tour 36 10,8 km

Rinnkendlsteig

Start: St. Bartholomä

Ziel: Königssee

Gehzeit: 6 Std. **Aufstieg:** 895 m **Abstieg:** 885 m

Hartbelag: 4 % **Wanderwege:** 51 % **Wanderpfade:** 45 %

Charakteristik: Vom beliebten Ausflugsziel St. Bartholomä führt Sie der Klettersteig, der Trittsicherheit und Schwindelfreiheit erfordert, über mit Leitern, Drahtseilen und Trittklammern gesicherte Passagen auf den steil abfallenden Hang am Westufer des Königssees hinauf. Immer wieder eröffnet sich dabei ein schöner Blick auf den fjordartigen Alpensee. Über ein bewaldetes Plateau gelangen Sie auf die malerisch gelegene Kührointalm, wo Sie sich für den Abstieg stärken können. Dieser leitet Sie auf einem gut begehbaren Wanderweg zum Nordende des Königssees hinab.

Markierung: Durchgehende Markierung (Nr. 443).

Anreise/Abreise: Mit Bus oder Auto nach Königssee und weiter mit dem Schiff nach St. Bartholomä.

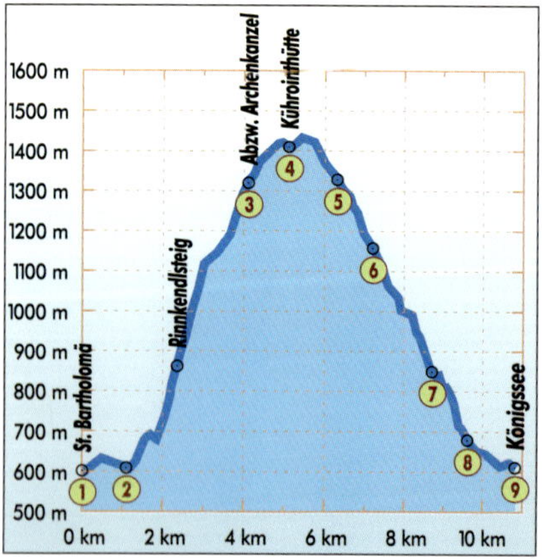

St. Bartholomäs. S. 171

1 **0,0 (605)** Vom Schiff kommend wenden Sie sich nach rechts und gehen an der Kapelle und den Gasthäusern vorbei ~ an der Kreuzung am Waldrand bei den letzten Häusern gehen Sie geradeaus weiter Richtung Kührointalm ~ an der **Nationalpark-Informationsstelle** vorbei und geradewegs durch den Wald ~ im Rechtsbogen durch die Lawinenschneise.

TIPP Die Lawine löste sich im Frühjahr 1999 von den Felswänden des kleinen Watzmann. Dem Gedanken des Nationalparks, die Natur sich selbst zu überlassen, entsprechend wird der zerstörte Wald nicht neu bepflanzt, sondern man wartet auf eine natürliche Regeneration und beobachtet diese.

2 **1,1 (610)** Am Seeufer nach links ~ auf dem Wanderpfad am Ufer entlang, dann in den Wald hinein ~ der Weg führt Sie erst leicht bergauf in Richtung Norden, dann im Zickzack über den steilen Abhang hinauf ~ es geht quer durch Waldschneisen, der Weg wird zunehmend steiniger und es tauchen die ersten gesicherten Stellen auf ~ der Wald wird lichter und ermöglicht immer wieder eine gute Sicht auf den Königssee und St. Bartholomä ~ über mehrere mit Leitern, Drahtseilen oder Steigklammern gesicherte Passagen steigen Sie den Hang hinauf, dann führt der Steig mehr Richtung Norden ~ unterhalb des Mooslahnerkopfes geht es nahezu auf gleicher Höhe quer über den Hang hinüber ~ durch die Schlucht, das sogenannte Rinnkendl, kommen Sie auf gesichertem Steig auf das Plateau hinauf.

3 **4,1 (1.330)** An der T-Kreuzung zweigen Sie links ab Richtung Kührointalm

AUSSICHT Hier rechts geht es zur Archenkanzel, einem schönen Aussichtspunkt mit herrlichem Blick über den Königssee.

Sie folgen dem guten Wanderweg leicht bergauf ~ am geschotterten Wendeplatz geradeaus weiter auf den Wanderpfad Richtung Kührointalm ~ den nächsten Forstweg kreuzen und geradeaus weiter ~ Sie lassen den Wald hinter sich und kommen über die Almwiese zur Hütte.

Kührointhütte

i **Nationalpark-Infostelle Kühroint**, ÖZ: Mai-Okt., tägl. 9-17 Uhr. In der am höchsten gelegenen Informationsstelle des Nati-

Blick vom Rinnkendlsteig auf den Königssee

onalparks Berchtesgaden werden wechselnde Ausstellungen meist zu Themen des Waldes gezeigt.

🍽 🛏 **Kührointhütte**, ✆ 0171/3533369, ÖZ: Mitte Mai-Mitte Okt.

♁ **Bergopfer-Gedenk-Kapelle St. Bernhard**, auf Kupfertafeln wird an alle Opfer der Berchtesgadener Alpen erinnert

4 5,1 (1.415) Von der Kührointhütte rechts am Trainingszentrum der Polizei vorbei und auf dem breiten Fahrweg bis zur Verzweigung, dort geradeaus in den Waldweg ⤳ kurz oberhalb der Fahrstraße entlang, Sie entfernen sich dann aber im Rechtsbogen von ihr.

5 6,3 (1.325) Geradeaus über den Querweg ⤳ durch dichten Nadelwald weiter bergab.

Rinnkendlsteig

6 7,2 (1.165) An der T-Kreuzung am Wendeplatz links ⤳ auf dem breiten Kiesweg weiter steil bergab, alle Abzweigungen ignorieren ⤳ nach der flachen Holzbrücke über den Klingerbach rechts halten und weiter bergab.

7 8,7 (865) Am Abzweig zum Grünstein geradeaus weiter ⤳ an der Infotafel zum Klettersteig vorbei und auf dem breiten Weg in Serpentinen bergab, die Felsabbrüche des Grünsteins ragen hier bis an den Weg heran ⤳ im weiteren Verlauf wandern Sie oberhalb der bekannten Kunsteisbahn und an beeindruckenden Lawinensicherungsnetzen entlang.

8 9,6 (680) An der großen Kreuzung im Wald geradeaus weiter Richtung Königssee ⤳ an der Asphaltstraße nach rechts ⤳ an der kleinen Gabelung links halten ⤳ am Ende des kleinen Weilers geradeaus in den breiten Kiesweg ⤳ über die Wiese bergab ⤳ die kleine Straße überqueren und über die Seeklause.

Seeklause s. S. 108

Auf der anderen Seite links halten und rechts hoch zum Großparkplatz.

9 10,8 (605) Die Tour endet am Parkplatz bzw. der Bushaltestelle Königssee.

Königssee

36
Hinterschönau
Hammerstiel
Achenstüberl
Grünsteinstüberl
Unterschönau
Untersc
Fischerlebniswelt
Königsse
Grünstein
Grünsteinhütte
Bären
Nationalpark-
Bob- und Rodelbahn
Café Malerwinkel
Malerwinkel
Rab
Schapbachalm
Nationalpark Berchtesgad
Sommerbichel
1280
Mitterkaseralm
Waldklimastation
Falzalm
Kührointhütte
St. Bernhard
Archenkanzel
Mooslahnerkopf
1815
Kleiner Watzmann
2305
Rinnkendlsteig
Königssee
Kessel
Reitsteig
St. Bartholomä
St. Johann und Paul
Eisgraben
Gotzenstein
1615
Feuerpalfen
Gotzenalm
Burgstallstein
1280
1
2
3
4
5
6
7
8
9

schwer

Tour 37 16,2 km

Watzmannhaus und Kührointhütte

Start/Ziel: Ramsau, Parkplatz Wimbachbrücke

Gehzeit: 7½–8 Std. **Aufstieg:** 1.290 m **Abstieg:** 1.290 m

Hartbelag: 1 % **Wanderwege:** 76 % **Wanderpfade:** 23 %

Charakteristik: Das Watzmannhaus ist eine beliebte Übernachtungsstelle für Kletterer, die von hier die Watzmannüberschreitung in Angriff nehmen. Aber auch für Wanderer stellt die exponiert gelegene Hütte ein beliebtes Ziel dar, allein die beeindruckende Aussicht entschädigt für die Mühen des Anstiegs. Der schöne Aufstiegsweg führt über die Mitterkaseralm, auch auf dem Rückweg warten mit der Kührointhütte und der Schapbachalm zwei hübsche Ein-

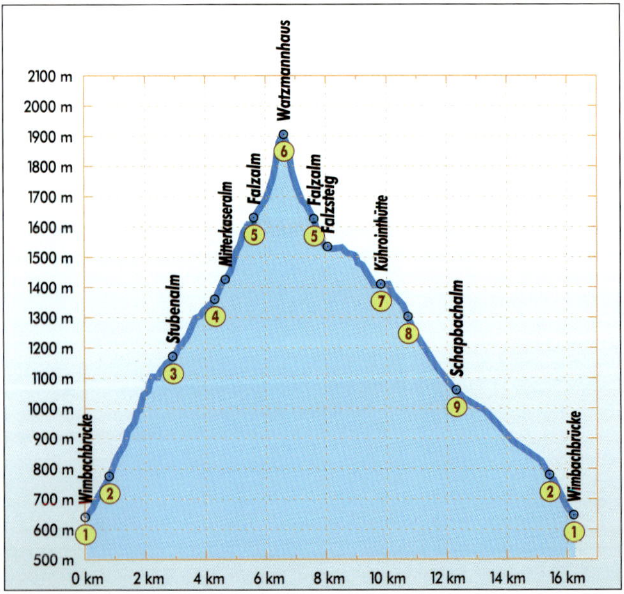

kehrmöglichkeiten. Anspruchsvolle Abschnitte, bei denen Trittsicherheit nötig ist, sind der Schlussanstieg zum Watzmannhaus und ein kurzer Abschnitt des Fulzsteigs auf dem Weg zur Kührointhütte. Ansonsten ist die Tour technisch einfach, erfordert aber aufgrund der Länge und der Höhenmeter einige Kondition.

Markierung: Gelbe DAV-Wegweiser (Nr. 441, 442).

Anreise/Abreise: Mit dem Bus 846 bis zur Haltestelle Wimbachbrücke. Der kostenpflichtige Wanderparkplatz Wimbachbrücke liegt an der B 305 zwischen Berchtesgaden und Ramsau.

Stubenalm

Wimbachbrücke

Nationalpark-Informationsstelle Wimbachtal, ÖZ: Mo-Sa 9-17 Uhr; Informationen zu Geologie und Landschaftsgeschichte sowie Pflanzen, Tieren und Gesteinen am Weg.

Hocheck, 08657/983586

1 **0,0 (630)** Sie starten die Wanderung am Wanderparkplatz Wimbachbrücke, bei guter Sicht sehen Sie von hier aus bereits das 1.300 m höher gelegene Watzmannhaus ~ links über die Brücke, gleich danach rechts in den Wanderweg parallel zum Wimbach ~ der Weg führt steil bergan durch den Wald ~ rechts auf den breiten Fahrweg.

2 **0,8 (780)** In der scharfen Linkskurve der Fahrstraße rechts abbiegen ~ der breite Kiesweg ist sehr gut begehbar, aber auch sehr steil ~ an einer etwas flacheren Stelle führt der Weg an einer Felsnase entlang ~ Sie laufen ein unscheinbares Seitental aus ~ über den Weiderost und aus dem Wald hinaus auf die Almfläche.

Stubenalm

Stubenalm, traditionell bewirtschaftet

3 **2,9 (1.160)** An der Stubenalm vorbei, wo es zu unregelmäßigen Öffnungszeiten Getränke und Brotzeiten gibt ~ den Abzweig nach Schönau ignorieren und auf dem Hauptweg Richtung Watzmannhaus wieder in den Wald, mittlerweile dominieren Nadelbäume ~ an der Gabelung in den mittleren der drei

4 4,3 (1.345) Vorbei an der Talstation des Materiallifts zum Watzmannhaus, kurz darauf steht links des Weges die **Forstdiensthütte Mitterkaser** ⇝ am Waldrand links abbiegen, kurz darauf haben Sie die bewirtschaftete Mitterkaseralm erreicht.

Mitterkaseralm

Mitterkaseralm

Oberhalb der Mitterkaseralm führt der Weg wieder in den Wald ⇝ an der Waldklimastation vorbei.

Waldklimastation. An Insgesamt 21 Beispielstandorte in den wichtigsten Waldgesellschaften Bayerns werden Zustand, Entwicklung und Umweltbedingungen der Wälder erfasst. Gemessen werden z. B. Wind und Niederschlag, aber auch Waldzustand und Bodenbiologie.

Ab der Klimastation ist der Weg deutlich schmaler und steiniger ⇝ in Serpentinen durch den aufgelockerten Lärchenwald ⇝ an einer großen Schutzhütte, der **Falzalm**, verlassen Sie schließlich den Wald.

5 5,6 (1.630) Am Abzweig geradeaus weiter Richtung Watzmannhaus ⇝ der schmale, steinige Pfad führt relativ steil bergan, vor sich sehen Sie bereits das Watzmannhaus ⇝ im obersten Abschnitt führt der Pfad mit Seilsicherung am Abhang entlang, nach dieser kurzen ausgesetzten Passage haben Sie das Ziel der Tour erreicht.

Watzmannhaus

Watzmannhaus, ✆ 08652/964222, ÖZ: Pfingsten-Anfang Okt.

Das markant auf dem Falzkopf thronende Watzmannhaus ist der klassische Ausgangspunkt zur Überschreitung des Watzmannmassivs über Hocheck, Mittelspitze und Südspitze zur Wimbachgrieshütte. Der erste Abschnitt zum Hocheck ist auch ohne große Klettererfahrung machbar, setzt aber dennoch Trittsicherheit, Kondition und gutes Wetter voraus.

6 6,6 (1.915) Vom Watzmannhaus auf dem Anstiegspfad wieder zurück zum Abzweig an der Falzalm.

5 7,6 (1.630) Am Abzweig rechts in den **Falzsteig** ⇝ bereits nach 150 m beginnt die erste Seilsicherung ⇝ auf dem relativ kurzen, gesicherten Steig über die Felsbrocken steil bergab ⇝ auch nach dem Ende der Seilsicherung müssen Sie noch mehrmals die Hände zu Hilfe nehmen, um über die Felsbrocken hinunter zu gelangen ⇝ im weiteren Verlauf führt der Weg als „normaler" Wanderpfad im leichten Auf und Ab durch den

37
Oberschönau
Gerstreit
Fegg
Hinterschönau
Hammerstiel
Wimbachbrücke
B305
Grünstein
Wimbachklamm
Grünstein
1385
Grünsteinhütte
Stubenalm
Schapbachalm
Sommerbichl
1280
Mitterkaseralm
Waldklimastation
Watzmannhaus
Falzalm
Falzkopf
1915
Kührointhütte
St. Bernhard
Archenkanzel
Mooslahnerkopf
Kleiner Watzmann
2305
Hocheck
2650
Mittelspitze
2715
Watzmann
Südspitze
2710
Watzmann-Ostwand
St. Johann und Paul
1
2
3
4
5
6
7
8
9

Ausblick von der Falzalm

Wald ⤳ immer auf dem Hauptweg bleiben, die abzweigenden, meist verfallenen Pfade ignorieren ⤳ durch ein Drehgitter auf die Almfläche ⤳ vorbei an einer weiteren **Klimastation** ⤳ am Abzweig zur Wimbachbrücke müssen Sie später abbiegen, wir empfehlen Ihnen aber erst einen kurzen Besuch in der Kührointhütte und dem Nationalpark-Infozentrum.

Kührointhütte

- **Nationalpark-Infostelle Kühroint**, ÖZ: Mai-Okt., tägl. 9-17 Uhr. In der am höchsten gelegenen Informationsstelle des Nationalparks Berchtesgaden werden wechselnde Ausstellungen meist zu Themen des Waldes gezeigt.
- **Kührointhütte**, ✆ 0171/3533369, ÖZ: Mitte Mai-Mitte Okt.
- **Bergopfer-Gedenk-Kapelle St. Bernhard**, auf Kupfertafeln wird an alle Opfer der Berchtesgadener Alpen erinnert

7 **9,8 (1.415)** Von der Kührointhütte zurück zur Abzweigung Richtung Wimbachbrücke und dort rechts abbiegen ⤳ auf dem breiten, steinigen Weg durch den Wald bergab.

8 **10,6 (1.290)** Links auf den breiten Fahrweg ⤳ der bergab führende Weg führt anfangs durch den Wald, bald nach der scharfen Rechtskurve dann durch einen Wiesengrund, den sog. **Schapbachboden** ⤳ der Weg führt vorbei an der urigen Schapbachalm.

Schapbachalm

- **Schapbachalm**, im Sommerhalbjahr traditionell bewirtschaftet

9 **12,3 (1.040)** An der Alm den kleinen Schapbach überqueren und auf dem breiten Fahrweg weiter geradeaus ⤳ vorbei an der **Schapbach-Diensthütte**, der Weg verläuft nun wieder im Wald ⤳ stets dem breiten Hauptweg folgen und alle Abzweigungen ignorieren.

2 **15,4 (780)** In der scharfen Rechtskurve stoßen Sie wieder auf den Anstiegsweg, von hier auf dem bekannten Weg zurück zum Ausgangspunkt.

1 **16,2 (630)** Die Tour endet wieder am Parkplatz Wimbachbrücke.

Wimbachbrücke

leicht

Tour 38 — 8,8 km

Toter Mann und Soleleitungsweg

Start: Ramsau, Bergstation der Hirscheckbahn

Ziel: Ramsau, Talstation der Hirscheckbahn

Gehzeit: 2½–3 Std. **Aufstieg:** 230 m **Abstieg:** 555 m

Hartbelag: 10 % **Wanderwege:** 73 % **Wanderpfade:** 17 %

Charakteristik: Eine leichte Wanderung mit mäßigem Gipfelerlebnis, aber vielen aussichtsreichen Einkehrmöglichkeiten. Gerade weil der Tote Mann ein niedriger Gipfel ist, kommen die umliegenden sehr hohen Berge gut zur Geltung und umrahmen die Wanderung äußerst eindrucksvoll. Nach der Besteigung des Toten Mannes gehen Sie die erste Hälfte der Tour im Wald, anfangs über viele Stufen, bergab. Nach der Einkehr in Gerstreit geht es ohne Steigung auf dem Soleleitungsweg mit grandioser Aussicht auf die frischen Wiesen im Tal der Ramsauer Ache weiter.

Markierung: Zum Söldenköpfl Nr. 68, Soleleitungsweg Nr. 1.

Anreise/Abreise: Mit der Ringbuslinie „Rambus" (Nr. 845) bis zur Haltestelle Hohenschwarzeck. Mit dem Pkw über die B 305, vor Wegscheid in Richtung „Hochschwarzeck Bergbahn" abzweigen.

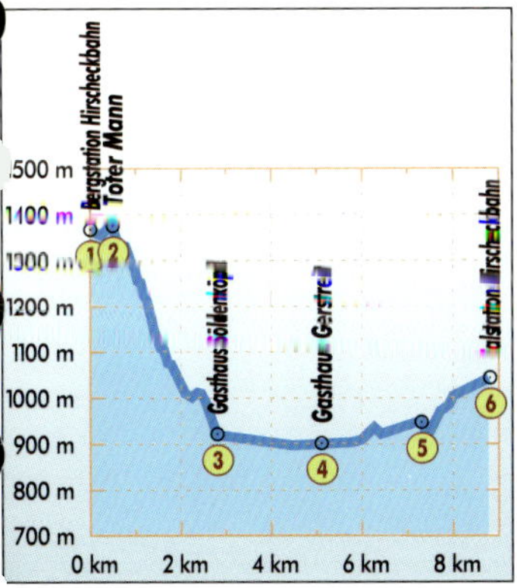

Ramsau-Schwarzeck

PLZ: 83486; Vorwahl: 08657

Tourist-Information Ramsau, Im Tal 2, ✆ 988920, www.ramsau.de

Hirscheck-Sesselbahn, ✆ 368, Betriebszeiten: Mai-Okt., Dez.-März, 9.30-16 Uhr

ANSTIEG Falls Sie lieber zu Fuß auf den Toten Mann wandern wollen, gehen Sie an der Haltestelle „Toter Mann Abzweigung" der Ringlinie „Rambus" (am Gasthof Hohen-

Ausblick vom Soleleitungsweg

schwarzeck) den Kiesweg hinauf, an beiden Gabelungen des Forstweges jeweils links.

1 **0,0 (1.365)** Sie starten an der Bergstation der Hirscheck-Sesselbahn.

Hirscheck

Berggaststätte Hirschkaser, ✆ 08657/481, ÖZ: Mai-Okt. und in der Skisaison

Auf dem breiten Kiesweg bergab ⤳ in der ersten Kehre geradeaus und auf dem Wiesenpfad bergan ⤳ an der T-Kreuzung links ⤳ leicht ansteigend zum Gipfel des Toten Mannes.

Toter Mann (1.392 m)

Von dem Höhenrücken des Toten Mannes blicken Sie auf die „Schlafende Hexe" und das Wimbachgries.

2 **0,5 (1.390)** Am Gipfel des Toten Mannes gehen Sie den Pfad zurück bis zur Abzweigung zum Hirschkaser ⤳ geradeaus über den unbewaldeten Höhenrücken ⤳ am Ende des waldfreien Stücks bei der Gabelung rechts auf den Pfad ⤳ in den Nadelwald hinein und auf dem mit Stufen durchsetzten Pfad bergab, alle abzweigenden Pfade außer Acht lassen ⤳ am Ende des Pfades auf dem breiten Wanderweg durch lockeren Nadelwald weiter, bis der Weg aus dem Wald herauskommt ⤳ bei der Abzweigung des kleinen Kieswegs an der Holzhütte rechts.

3 **2,8 (960)** Am Gasthaus Söldenköpfl an der Terrasse und dem Marterl vorbei.

Söldenköpfl

Berggaststätte Söldenköpfl, ✆ 08652/2383, ÖZ: Sa-Do 8-18 Uhr, schöne Aussicht von der Panoramaterrasse

Nach dem Gasthaus geradeaus auf dem schmalen Kiesweg in den Wald hinein, diesem hangparallel verlaufenden Weg über 2 km ohne Steigungen bis nach Gerstreit folgen, Sie gelangen auf den Soleleitungsweg.

Der **Soleleitungsweg** führt entlang der früheren Soleleitung Berchtesgaden – Bad Reichenhall, die in den Jahren 1816-1817 gebaut wurde und bis 1927 in Betrieb war.

Bei der Einmündung auf die Asphaltstraße geradeaus.

4 5,1 (955) Am Gasthaus Gerstreit geradeaus über die Terrasse.

Gerstreit

Berggasthof Gerstreit, ✆ 08657/497, ÖZ: tägl. 11-18 Uhr

Durch das Gatter geradeaus auf den Kiesweg, diesem teils durch ein Geländer begrenzten, sehr guten Weg mit toller Aussicht hinunter in das Tal der Ramsauer Ache und über die frischen Wiesen folgen Sie ohne Anstieg gut 2 km.

5 7,3 (925) Der Soleleitungsweg trifft an der T-Kreuzung auf einen größeren Kiesweg, hier links und leicht bergauf ~ an der Asphaltstraße rechts.

6 8,8 (1.045) Die Wanderung endet an der Talstation der Hirscheckbahn.

Ramsau-Schwarzeck

leicht

Tour 39 — 5,8 km

Ramsauer Malerweg

Start: Ramsau, Hiesenbrücke
Ziel: Hintersee, Bushaltestelle
Gehzeit: 1½–2 Std. **Aufstieg:** 200 m **Abstieg:** 60 m
Hartbelag: 12 % **Wanderwege:** 76 % **Wanderpfade:** 12 %

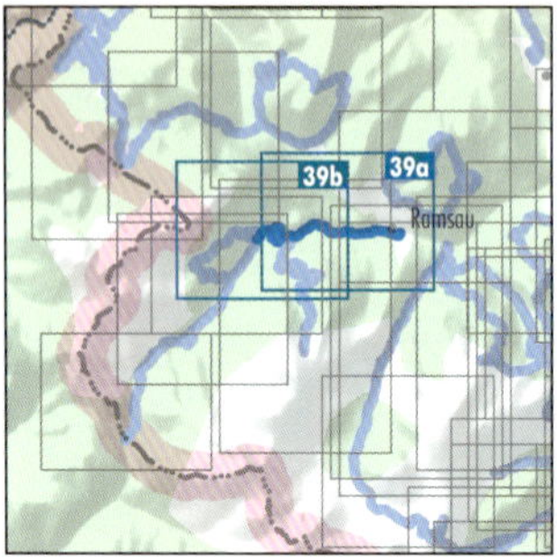

Charakteristik: Im 19. Jahrhundert entdeckten zahlreiche Künstler aus ganz Europa Ramsau und den Hintersee für sich, darunter Carl Rottmann, Ferdinand Waldmüller und Wilhelm Busch. Beliebte Motive waren vor allem das Ramsauer Dorfbild, der verträumte Hintersee und die großartige Bergkulisse. Der Ramsauer Malerweg führt vorbei an den beliebtesten Malerstandorten, die Motive können auf der leichten Wanderung in natura bewundert werden, Infotafeln sind teilweise wie Stafetten aufgestellt. Der erste Teil des Weges verläuft im Ortsgebiet, später geht es durch den idyllischen Zauberwald zum Hintersee mit seinen zahlreichen Einkehrmöglichkeiten.

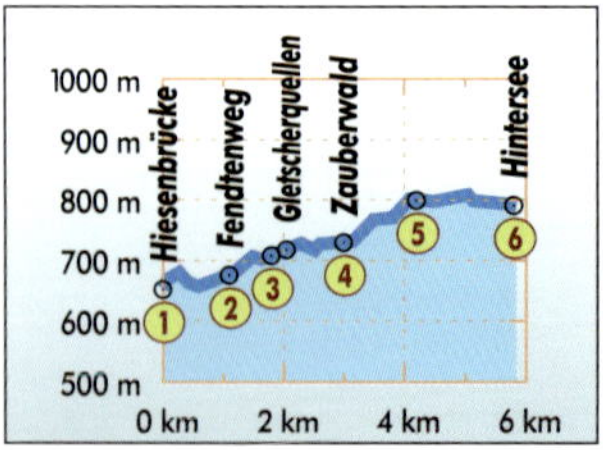

Markierung: „Malerweg"

Anreise/Abreise: Der Bus 846 verbindet Berchtesgaden mit dem Ausgangspunkt („Ramsau Hochkalter") und dem Endpunkt („Hintersee") der Wanderung. In Ramsau gleich nach dem Rathaus auf der linken Seite Wanderparkplatz Hiesenbrücke.

Ramsau

PLZ: 83486; Vorwahl: 08657

- **Tourist-Information Ramsau**, Im Tal 2, ✆ 988920, www.ramsau.de
- **Pfarrkirche St. Sebastian** (1512)
- **Wallfahrtskirche Maria Kunterweg**
- **Bergkurgarten** mit Solegradierwerk und Kneippbecken

Ramsau wurde 1295 erstmals urkundlich erwähnt. Der heilklimatische Kurort ist von einer wunderbaren Gebirgs-Szenerie umgeben, etwa 2/3 der Gemeindefläche liegen im Nationalpark.

1 0,0 (650) Auf der **Hiesenbrücke** über die Ramsauer Ache ~ nach der Brücke über den Waltlmühlbach rechts halten ~ rechts auf die Asphaltstraße ~ am Abzweig zum Bergkurgarten vorbei ~ nach der Grundschule schräg links in den Wanderpfad ~ auf Asphalt weiter durch die Siedlung ~ an der Gabelung neben der evangelischen Kirche rechts in den Kiesweg ~ Sie genießen nun den bekannten Postkartenblick auf die Pfarrkirche St. Sebastian mit den Felswänden der Reiter Alpe im Hintergrund ~ weiter parallel zur Ramsauer Ache.

2 1,1 (665) An der Brücke geradeaus in den **Fendtenweg** ~ kurz danach an der Gabelung rechts in den **Mühlsteinweg** ~ geradeaus über den großen Wanderparkplatz und auf dem nun deutlich breiteren Weg leicht bergauf.

3 1,8 (700) An der Gabelung rechts in den Fußweg Richtung Hinter-

Pfarrkirche St. Sebastian in Ramsau

see ⇝ auf dem Holzbohlenweg vorbei an den Gletscherquellen

Gletscherquellen

Gletscherquellenhütte, ✆ 08657/324, ÖZ: So, Di-Mi, Fr 12-18 Uhr

Die Quellen werden vom Schmelzwasser des Blaueisgletschers (s. Tour 41) gespeist, das rund 1.500 Höhenmeter unterirdisch im Fels zurückgelegt hat, bevor es hier an die Oberfläche tritt.

Auf dem Kiesweg weiter am Hang entlang durch den Wald ⇝ die Straße überqueren und auf dem Asphaltweg **Im Zauberwald** bergab, rechts unten rauscht die Ramsauer Ache durch die kleine **Marxenklamm** ⇝ vorbei am Wirtshaus im Zauberwald.

Zauberwald

Wirtshaus im Zauberwald, ✆ 08567/552, ÖZ: Do-Di, 9-20 Uhr

Im Zauberwald liegen kreuz und quer verteilt etwa 13 Mio. m³ Bergsturzmaterial, Folge eines Bergsturzes von vor etwa 3.500 Jahren. Damals ist eine Bergflanke zwischen Schärtenspitze und Steinberg im Hochkaltermassiv ausgebrochen und ins Tal gestürzt. Im Lauf der Zeit ist auf dem Bergsturzmaterial ein natürlicher Fichtenwald – der Zauberwald – gewachsen, die Felsblöcke sind aber noch deutlich zu erkennen. Der schöne Wanderpfad durch den Zauberwald wurde 1896/97 angelegt.

4 3,0 (720) An der Gabelung geradeaus weiter Richtung Zauberwald ⇝ an der kleinen Mühle geradeaus in den Wanderweg ⇝ dem Weg durch den Zauberwald folgen, an der Gabelung rechts halten ⇝ rechts über die **Ramsauer Ache**, an der anschließenden Gabelung links halten ⇝ Sie wandern nun auf dem **Naturlehrpfad Zauberwald** ⇝ der schöne Pfad führt – auch über einige Holzstufen – zwischen den Felsblöcken im idyllischen Märchenwald hin-

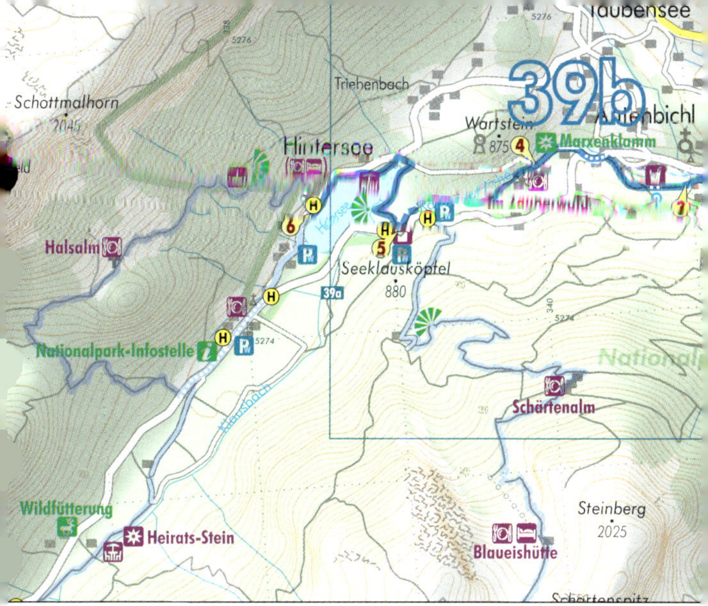

durch und teilweise auf einem Holzsteg direkt am rauschenden Bach entlang.

5 4,2 (790) An der Holzhütte („Zauberwald-Endstation") rechts abbiegen, vor sich sehen Sie nun den Hintersee ~ der Weg führt im leichten Auf und Ab am Seeufer entlang ~ an der T-Kreuzung links ~ kurz vor der Straße links und weiter auf dem Seeuferweg ~ am **Café Gelfart** links in den Fußweg neben der Straße.

6 5,8 (795) An der Bushaltestelle Hintersee haben Sie das Ende der Tour erreicht, die Busse 845 und 846 bringen Sie zurück zum Ausgangspunkt.

Hintersee

Schifffahrt Hintersee mit dem Fährschiff „Annerl", Mai-Okt., Info unter ✆ 08657/988920

Der Hintersee verdankt seine Entstehung ebenfalls dem Bergsturz von vor etwa 3.500 Jahren, als durch die Bergsturzablagerungen der Klausbach aufgestaut wurde. Durch Schuttlieferungen aus dem Klausbachtal ist der See auf ein Drittel der Ursprungsgroße geschrumpft. Um ein endgültiges Verlanden zu verhindern, wurde der Klausbach im 19. Jahrhundert in ein neues Flussbett verlegt und fließt nun südlich am See entlang.

leicht

Tour 40 — 6,5 km

Halsalm

Start/Ziel: Hintersee, Parkplatz Hirschbichlstraße

Gehzeit: 3 Std. **Aufstieg:** 455 m **Abstieg:** 455 m

Hartbelag: 17 % **Wanderwege:** 52 % **Wanderpfade:** 31 %

Charakteristik: Die leichte, kurze Wanderung führt am Rande des Nationalparks vorbei, am idyllischen Hintersee entlang und auf Pfaden hinauf auf den wunderbar gelegenen Almboden am Fuße des Schottmalhorns, wo Sie die ruhige Halsalm erwartet. Der Abstieg erfolgt über einen guten Forstweg durch den Wald.

Markierung: Gelbe DAV-Beschilderung.

Anreise/Abreise: Mit dem Pkw über die St 2099 Richtung Hintersee, gebührenpflichtiger Parkplatz Hirschbichlstraße am Ende der Straße. Mit den Buslinien 845 und 846 zum Hintersee und die Wanderung dort (bei Wegpunkt 2) beginnen.

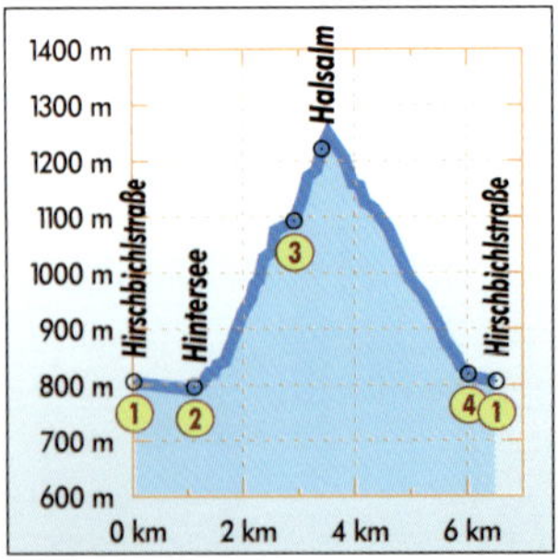

Hirschbichlstraße

Nationalpark-Infostelle im Klausbachhaus, ✆ 08657/1431, ÖZ: Mo-Sa 9-17 Uhr. Ausstellungen zu Steinadler und Specht, Natur-Erlebnisgelände.

1 **0,0 (800)** Sie starten die Tour am Parkplatz Hirschbichlstraße ~ auf der ruhigen Asphaltstraße etwa 400 m Richtung Nordosten ~ bei der Bushaltestelle links auf die abzweigende Asphaltstraße **Am See** und auf dem Fußweg am Hintersee entlang zum gleichnamigen Ort.

Hintersee s. S. 189

2 **1,1 (795)** An der **Bushaltestelle Hintersee** von der Hauptstraße abzweigen und im Ort bergauf ~ an der Holzhütte am Ende der Asphaltstraße nach rechts auf den schmalen Kiesweg und bergauf in den Wald ~ nach ca. 400 m rechts auf den abzweigenden Pfad Richtung

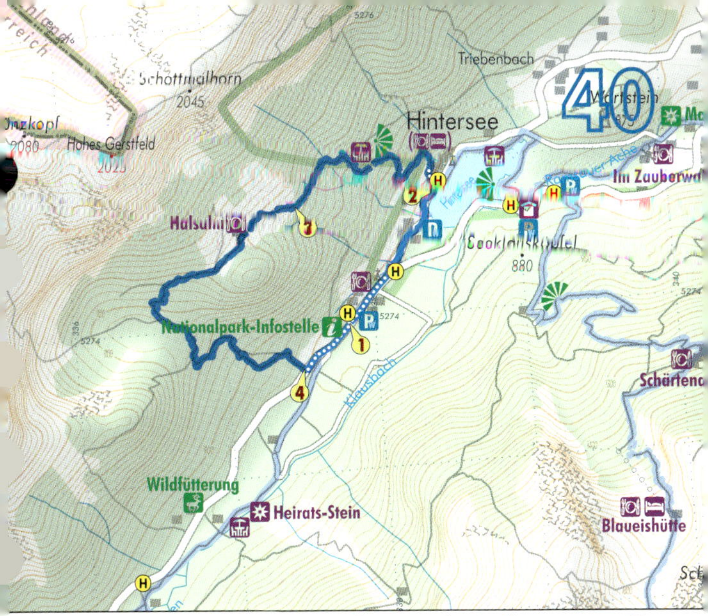

Halsalm ~ auf dem wurzeligen Pfad bergauf ~ an der Gabelung des Pfades bei der Aussichtsbank nach links auf den teils steinigen Pfad ~ über einzelne Stufen durch Latschenbereiche und über zwei Bachläufe.

3 **2,9 (1.180)** Nach dem Anstieg über einzelne Stufen kommen Sie auf eine Almwiese und erblicken bereits die Halsalm ~ leicht ansteigend folgen Sie dem Pfad über die Wiese zur Alm.

AUSSICHT Kurz vor der Halsalm befinden sich rechts vom Pfad beim Feldkreuz viele Bänke, von wo Sie die Aussicht bis hinab zum Hintersee genießen können.

Halsalm

Halsalm, traditionell bewirtschaftet

Am Hintersee

Aufstieg zur Halsalm

Die Alm ist sehr ruhig gelegen, über den Almgründen thronen imposant die Wände der Reiter Alpe, in die andere Richtung reicht der Blick zum Hintersee und ins Ramsauer Tal. Wer bei „Privat" klopft, erhält auf Anfrage eine Brotzeit und Käse aus eigener Herstellung.

Auf dem nach Regenfällen recht matschigen Pfad am Weidezaun entlang weiter über die Almwiese ~ knapp 200 m nach der Almhütte wird der Pfad zum Forstweg, auf diesem über das Viehgatter in den lichten Wald hinein ~ dem Forstweg folgen Sie nun etwa 2,5 km lang und lassen alle Abzweigungen außer Acht.

4 6,0 (825) Sie sind auf der ruhigen Asphaltstraße durch das Klausbachtal angekommen, hier links und an der Nationalpark-Infostelle vorbei zurück zum Parkplatz Hirschbichlstraße.

1 6,5 (800) Die Tour endet wieder am Ausgangspunkt.

Hirschbichlstraße

Halsalm

Tour 41 13,3 km

Blaueisgletscher

Start/Ziel: Ramsau, Bushaltestelle bzw. Wanderparkplatz Holzlagerplatz

Gehzeit: 6 Std. **Aufstieg:** 1.090 m **Abstieg:** 1.090 m

Hartbelag: 0 % **Wanderwege:** 67 % **Wanderpfade:** 33 %

Charakteristik: Die Aufstiegswanderung führt durch die klassische Abfolge der alpinen Vegetationsstufen, vom Laubmischwald über den Nadelwald und die Wald- und Baumgrenze bis hinauf zur vegetationslosen Bergeinsamkeit am Blaueisgletscher, dem nördlichsten Gletscher der Alpen.

Bis zur Schärtenalm verläuft der Aufstieg über einen breiten Fahrweg, der Anstieg zur bekannten Blaueishütte führt über einen steilen Pfad. Das Schlussstück zum Gletscherrand geht teilweise weglos über Geröll. Da der Gletscher aufgrund des Klimawandels jedes Jahr ein bisschen kleiner wird, wird der Weg zum Gletscher jedes Jahr ein bisschen länger...

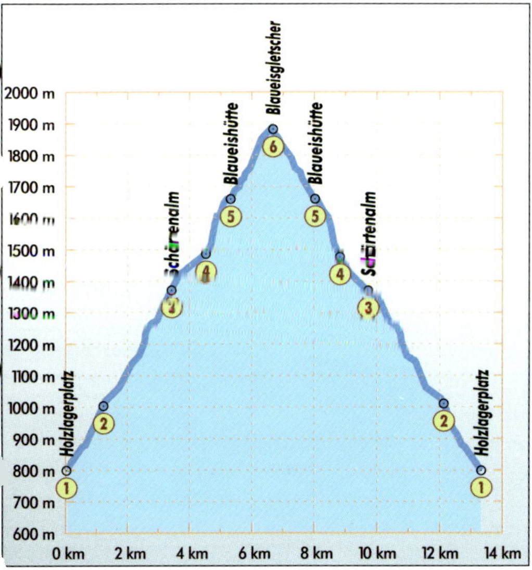

Blaueishütte

Markierung: **Gelbe DAV-Schilder Richtung Blaueishütte und Blaueisgletscher (Nr. 482).**

Anreise/Abreise: **Mit den Buslinien 845 (ab Ramsau) oder 846 (ab Berchtesgaden und Ramsau) bis zur Haltestelle Holzlagerplatz. Der Wanderparkplatz liegt an der St 2099 zwischen Ramsau und Hintersee.**

Ramsau **s. S. 187**

1 **0,0 (800)** Am Parkplatz die Straße überqueren und in den ansteigenden Fahrweg Richtung Blaueishütte ~ auf der breiten Schotterstraße durch den Wald stetig bergauf, anfangs alle Abzweigungen ignorieren.

2 **1,2 (955)** An der Gabelung, an der das Radverbotsschild an den Fels genagelt ist, im spitzen Winkel nach links ~ an der Felswand entlang, nach links blicken Sie hinunter auf den Hintersee ~ der gut begehbare Fahrweg führt mal mehr, mal weniger steil bergan ~ alle Abzweigungen ignorieren und den Serpentinen des Hauptweges folgen, bis Sie schließlich vor der Schärtenalm stehen.

Schärtenalm

Schärtenalm, ✆ 08657/250, ÖZ: Ende Mai-Anfang Okt.

3 **3,6 (1.370)** Von der Schärtenalm auf dem Fahrweg weiter geradeaus ~ das erste Stück nach der Alm verläuft relativ eben ~ über Holzplatten an der Steinbergflanke entlang.

4 **4,5 (1.440)** Am Ende der Fahrstraße – hier beginnt die Materialseilbahn zur Blaueishütte – links in den Wanderpfad Richtung Blaueishütte ~ der schöne Wanderpfad führt über Steine, Wurzeln und Holzstufen steil bergauf durch das so genannte **Blaueistal** ~ Sie erreichen schließlich die auf der Karschwelle stehende Hütte.

41
Taubensee
Antenbichl
Triebenbach
Wartstein
875
Hintersee
Im Zauberwald
Seeklausköpfel
880
Klausbach
Schärtenalm
Steinberg
2025
Blaueishütte
Schärtenspitz
2155
Rotpalfen
2385
Kleinkalter
2513
2480
2586
Ofentalhörnl
2155
Sittersbachscharte
2115
Hinterbergkopf
Wimbachtal

Blick zur Karschwelle an der Blaueishütte

Blaueishütte

Blaueishütte, ✆ 08657/271, ÖZ: Mitte Mai-Ende Okt.

Die alte Blaueishütte wurde 1955 von einer Lawine zerstört, im Jahr 1962 wurde als Ersatz die heutige Hütte eröffnet. Sie dient als klassischer Ausgangspunkt für Bergsteiger, Wanderer und Kletterer. Viele Gipfelziele wie etwa die Schärtenspitze (1½ Std.) und der Hochkalter (3 Std.) sind von hier aus relativ schnell erreichbar.

5 5,3 (1.650) Von der Blaueishütte der Beschilderung zum Blaueisgletscher folgen ~ der Gletscher scheint zum Greifen nahe, im Hintergrund erhebt sich der majestätische Hochkalter ~ anfangs über einen steinigen Pfad, der mit roten Punkten sehr gut markiert ist ~ Sie wandern über ein regelrechtes Gesteinstrümmerfeld, die glattgeschliffenen seitlichen Hänge zeugen von der Kraft, die der Blaueisgletscher einst ausüben konnte ~ die Abzweige zum Steinberg und zum Hochkalter ignorieren ~ auch am Abzweig zur Schärtenspitze geradeaus weiter auf den Gletscher zulaufen, die letzten etwa 600 m verlaufen nun größtenteils weglos über das Geröll.

6 6,6 (1.905) Sie erreichen schließlich die untersten Ausläufer des Blaueisgletschers, ohne entsprechende Ausrüstung sollten Sie die Tour hier beenden ~ es geht auf dem Anstiegsweg wieder hinunter ins Tal.

1 13,3 (800) Die Tour endet am Ausgangspunkt.

Ramsau

Oberhalb der Schärtenalm

Blaueisgletscher

Blaueisgletscher

Der Blaueisgletscher gilt als nördlichster Gletscher der Alpen. Die nordseitige Lage im Schatten hoher Gipfel (Blaueisspitze, Hochkalter, Kleinkalter) sorgt dafür, dass nur wenig Sonnenlicht auf die Eisfläche dringt und der Gletscher somit auf einer vergleichsweise niedrigen Höhe überleben konnte. Gespeist wird er im Winter vom abrutschenden Schnee der umliegenden Steilwände.

Der Blaueisgletscher entspricht dem Typus des Kargletschers, sodass er anders als ein Talgletscher über keine ausgeprägte Gletscherzunge verfügt, sondern quasi zwischen den Felswänden „hängt". Die einst vom Gletscher geformte Karschwelle mit anschließender Versteilung ist ganz klar an der Blaueishütte auszumachen.

Wie in Zeiten des Klimawandels bei allen Alpengletschern zu beobachten, wird auch der Blaueisgletscher immer kleiner. Im Sommer 1820 betrug die Gletscherfläche noch 25 Hektar, 1959 waren es noch 13,1 Hektar, 2009 schon nur noch 7,5 Hektar. Seit mehreren Jahrzehnten zeigt sich im mittleren Bereich des Gletschers ein Felsriegel, sodass der untere Teil des Gletschers heute nicht mehr vom Hauptteil oberhalb dieser Felsbarriere genährt wird.

Die verbliebene Eismenge des nach wie vor als Einheit betrachteteten Blaueisgletschers ist neuesten Untersuchungen zufolge geringer als der Verlust an Eismasse alleine in den 1990er Jahren, sodass der Gletscher bei fortschreitender Erderwärmung bald ganz verschwunden sein dürfte.

Blaueisgletscher

leicht

Tour 42 7,0 km

Klausbachtal – Hirschbichlpass

Start: Hintersee, Parkplatz Hirschbichlstraße

Ziel: Hirschbichlpass

Gehzeit: 2–2½ Std. **Aufstieg:** 365 m **Abstieg:** 40 m

Hartbelag: 12 % **Wanderwege:** 86 % **Wanderpfade:** 2 %

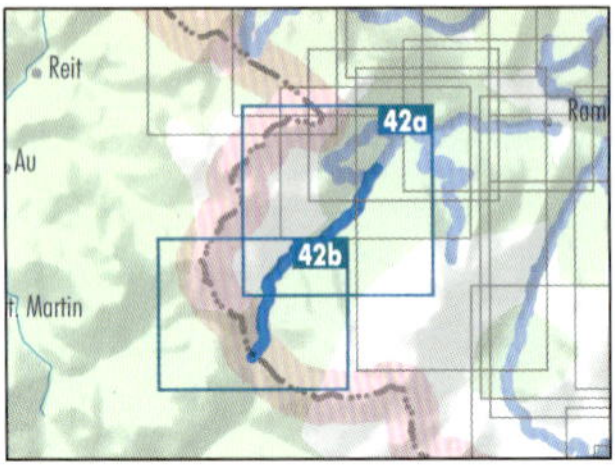

Charakteristik: Auf den Spuren der Salzsäumer, die schon Mitte des 13. Jahrhunderts Salz durch die Ramsau und über den Hirschbichlpass in den Pinzgau transportierten, wandern Sie auf dieser Tour durch das schöne Klausbachtal (s. S. 202).MehrereInfotafelnerklären die Spuren gewaltiger Naturereignisse, die sich in den vergangenen Jahren und Jahrzehnten im Klausbachtal zugetragen haben.

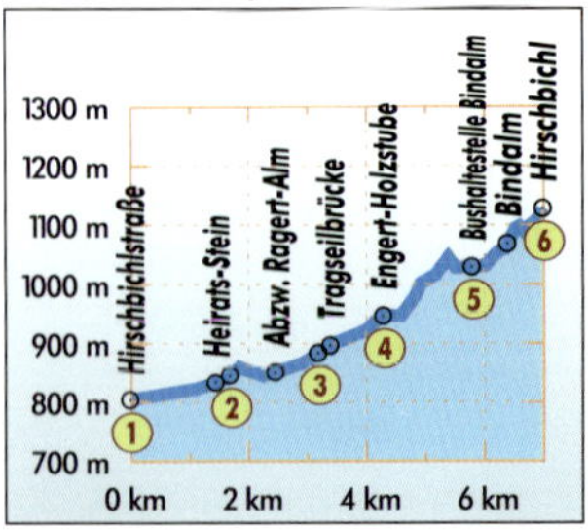

Markierung: Gelbe DAV-Schilder (Nr. 481).

Anreise/Abreise: Von der Bushaltestelle „Abzw. Hirschbichlstraße" der Linien 845 und 846 sind es 300 m Fußweg zum Ausgangspunkt der Wanderung. Mit dem Pkw über die St 2099 Richtung Hintersee, gebührenpflichtiger Parkplatz Hirschbichlstraße am Ende der Straße. Der „Almerlebnisbus" (Linie 847) bringt Sie von Mai bis Oktober vom Hirschbichlpass zurück zum Ausgangspunkt der Tour (Achtung, Sondertarif!).

Hirschbichlstraße

ℹ Nationalpark-Infostelle im Klausbachhaus, ✆ 08657/1431, ÖZ: Mo-Sa 9-17 Uhr. Ausstellungen zu Steinadler und Specht, Natur-Erlebnisgelände.

1 **0,0 (800)** Gehen Sie am Wanderparkplatz weiter auf der

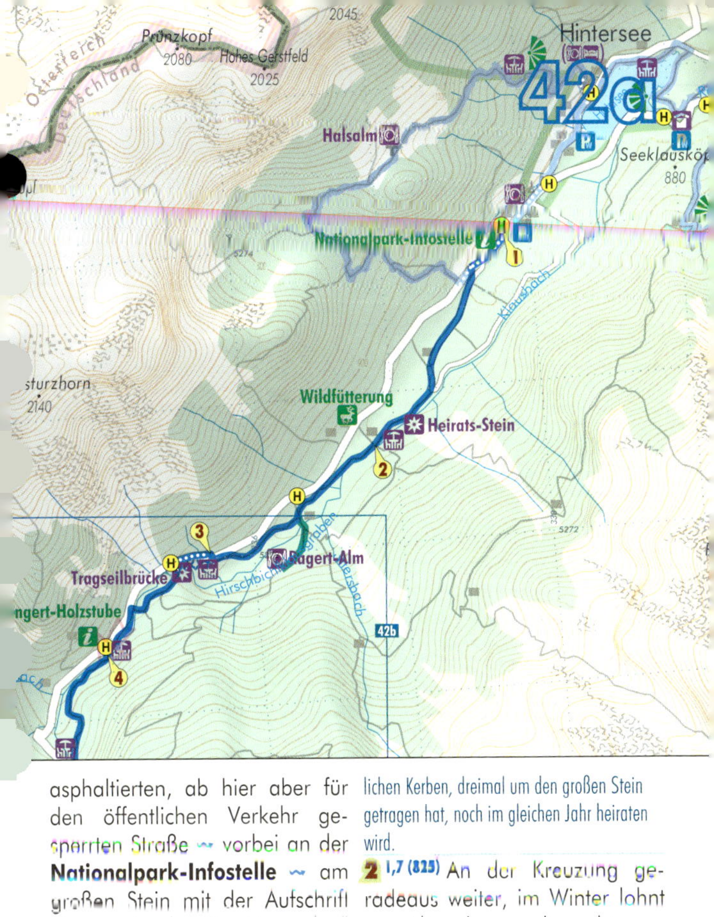

asphaltierten, ab hier aber für den öffentlichen Verkehr gesperrten Straße ~ vorbei an der **Nationalpark-Infostelle** ~ am großen Stein mit der Aufschrift „Nationalpark Berchtesgaden" links in den breiten Kiesweg ~ über schöne Blumenwiesen mit lockerem Baumbestand ~ vorbei am Heirats-Stein.

Heirats-Stein. Die Legende besagt, dass, wer den lagernden Stein, gefasst an den seitlichen Kerben, dreimal um den großen Stein getragen hat, noch im gleichen Jahr heiraten wird.

2 **1,7 (825)** An der Kreuzung geradeaus weiter, im Winter lohnt ein Abstecher nach rechts zur Wildfütterung.

Wildfütterung

Früher zog das Rotwild im Winter in die schneearmen Auwälder im Alpenvorland. Aufgrund des Straßen- und Siedlungsbaus ist das heute nicht mehr möglich, sodass die Tiere im Nationalpark überwintern müssen. Um dadurch hervorgerufene Verbissschäden an Bäumen zu verhindern, wird

Achten Sie hierfür auf die Beschilderung vor Ort.

3 **3,2 (890)** An der Straße nach links und weiter bergauf ~ nach 200 m links über die Brücke.

Im Klausbachtal

das Rotwild in einem 45 Hektar großen Wintergatter gehalten und gefüttert.

Der breite Weg führt weiter durch den bewaldeten Talboden ~ an der nächsten Kreuzung erneut geradeaus.

AUSFLUG Nach links lohnt ein Abstecher hinauf zur bewirtschafteten Ragert-Alm.

Ragert-Alm

Ragert-Alm, ÖZ: Ende Mai-Ende Okt.

Der breite Weg führt im Rechtsbogen bergauf Richtung Straße.

UMLEITUNG Der Wiederaufbau des bei einem Hochwasser im Jahr 2003 zerstörten Wanderweges ist geplant, sodass Sie zukünftig nicht mehr auf die Straße ausweichen müssen.

Die 55 m lange **Tragseilbrücke** wurde im Jahr 2010 eröffnet und ersetzt eine ältere, 2003 durch das Hochwasser zerstörte Brücke.

Nach der Brücke rechts auf den im Fels verankerten **Klammsteg** ~ dieser beeindruckende, nur 60 m lange Abschnitt wurde ebenfalls im Sommer 2010 neu angelegt ~ rechts halten und auf der Brücke erneut den Klausbach überqueren ~ auf der anderen Seite links und auf dem Kiesweg zwischen Bach und Straße entlang ~ Sie gelangen zur Engert-Holzstube.

Infostelle Engert-Holzstube. Ausstellung zum Thema „Vom Wirtschaftswald zum Naturwald".

4 **4,3 (940)** Schräg links in den Fußweg und über die Brücke ~ der Weg

führt am Hang entlang aufwärts ⤳ Sie erreichen eine höher gelegene Talstufe, wo sowohl die Steigung als auch die Bewaldung nachlassen.

5 **5,8 (1.055)** Neben der **Bushaltestelle Bindalm** geradeaus weiter ⤳ dem breiten, ansteigenden Weg auf das Almgelände folgen.

Bindalm

Bindalm, ÖZ: Juni-Sept.

Auf dem Gelände stehen vier denkmalgeschützte Almgebäude, davon ein so genannter Rundumkaser, den es nur im Berchtesgadener Land gibt. Der Rundumkaser wurde 1686 erbaut und 1981 von der Feldalm im Steinernen Meer hierher versetzt.

Der Weg führt vor der Alm rechts weiter und über eine schöne Blumenwiese ⤳ an der Gabelung rechts halten ⤳ am Hang oberhalb der Straße entlang ⤳ an der Straße nach links, kurz darauf über die österreichische Grenze.

6 **7,0 (1.145)** Am Gasthof Hirschbichl haben Sie das Ende der Tour erreicht.

AUSSTIEG Von Mai bis Oktober bringt Sie der Alm-Erlebnisbus (Linie 847) zurück zum Ausgangspunkt.

Hirschbichl (A)

Hirschbichl, ÖZ: Mai-Okt., Mi-Mo, ✆ 06582/8347

Klausbachtal

Neben dem Königsseer Tal und dem Wimbachtal ist das Klausbachtal das dritte Haupttal im Nationalpark Berchtesgaden. Das in dieser Form in der letzten Eiszeit entstandene Trogtal ist zwischen Reiter Alpe und Hochkalter eingeschnitten, der fast ebene Talboden entstand durch eine abgelagerte „Schotterzunge".

Das Klausbachtal war bereits Mitte des 13. Jahrhunderts ein wichtiges Transittal, hier wurde Salz aus Berchtesgaden über den Hirschbichlpass in den Pinzgau transportiert. Die asphaltierte Straße durch das Tal ist heute für den öffentlichen Verkehr gesperrt, nur der bei Wanderern beliebte Alm-Erlebnisbus und zahlreiche Radfahrer sind hier unterwegs.

Das Tal beeindruckt neben seiner relativen Abgeschiedenheit vor allem durch die Dynamik der Natur, die hier an mehreren Stellen sichtbar ist. Die Lawinenschneise im Kaltergraben (1999, die Druckwelle legte etwa 20 Hektar Wald um), die Windwurffläche im Ofental (1990, Orkan „Wiebke"), der Felssturz von den Mühlsturzhörnern (1999, 250.000 m^3 Fels sind talwärts gedonnert und haben den Lauf des Klausbachs verändert) und ein Hochwasser (2003) haben das Tal in den letzten Jahrzehnten sichtbar verändert.

Felssturzablagerung im Klausbachtal

Diese natürlichen Vorgänge werden im Nationalpark bewusst hingenommen. In der Lawinenfurche wurde keine schnelle Aufforstung vorgenommen, sondern man hat die Bildung einer natürlichen Pioniervegetation abgewartet und beobachtet nun die weitere Entwicklung. Die beim Windwurf umgestürzten Bäume bleiben einfach liegen und dienen als Nährstofflieferant für viele Pflanzen und Tiere.

Die Risse im Gipfelbereich des Mühlsturzhorns lassen weitere Steinschläge und Felsstürze erwarten, sodass das Klausbachtal auch in Zukunft einer ständigen natürlichen Veränderung unterliegen wird.

mittel

Tour 43 11,6 km

Almerlebnisweg Ramsau

Start/Ziel: Ramsau, Parkplatz am Taubensee

Gehzeit: 4½–5 Std. **Aufstieg:** 675 m **Abstieg:** 675 m

Hartbelag: 4 % **Wanderwege:** 65 % **Wanderpfade:** 31 %

Charakteristik: Die schöne Rundtour führt auf sehr guten Pfaden und mit mäßigen Anstiegen durch die südlichen Ausläufer des Lattengebirges. Zahlreiche Informationstafeln säumen den Weg, der über drei verschiedene Almgründe führt. Mit der Mordaualm und der Moosenalm liegen auch zwei bewirtschaftete Almen am Weg.

Markierung: Gelbe Beschilderung des DAV (Nr. 475).

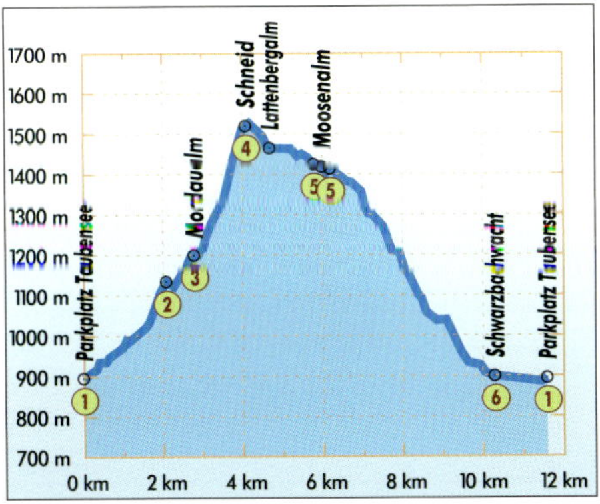

Anreise/Abreise: Mit der Ringbuslinie 845 „Rambus" zur Haltestelle Leyerer, dann noch ein paar Meter zu Fuß. Mit dem Auto über die B 305 zum Parkplatz am Taubensee.

Ramsau s. S. 187

1 **0,0 (900)** Sie starten die Tour an den Infotafeln neben dem Parkplatz am Taubensee ~ auf dem schmalen Pfad wenige Meter nach rechts ~ dem asphaltierten Weg, der bald zum Kiesweg wird, 800 m lang nach oben über die Buckelwiese folgen ~ bei der Gabelung links auf die Forststraße, auf dieser durch lichten Wald in erst leichtem, dann steilerem Anstieg bergauf ~ alle Abzweigungen außer Acht lassen.

Empfangsdame auf dem Almerlebnisweg

2 2,1 (1.125) In der Linkskurve treffen Sie auf ein Viehgatter und die Weidegründe der Mordaualm ⤳ in der Rechtskurve führt die Route am linken Weiderand bergauf, Sie folgen dem Weg bis zur Alm.

Mordaualm

Mordaualm, traditionell bewirtschaftet

3 2,8 (1.200) Vor der Alm links auf den Pfad, der am Weidezaun entlang den buckeligen Wiesenhang hinaufführt ⤳ in einer Rechtskurve in den Wald ⤳ auf dem steinigen Pfad auch über einige Stufen zügig ansteigend hinauf auf die **Schneid**.

4 4,1 (1.525) Auf der Schneid angekommen befinden Sie sich auf einer kleinen Lichtung, hier auf dem recht überwachsenen Wiesenpfad nach rechts bergab ⤳ der Pfad wird teils wurzelig und führt hinab zu den Buckelwiesen der unbewirtschafteten Lattenbergalm.

Lattenbergalm

Am oberen Almgebäude vorbei, dann links am Waldrand bergab und auf dem Kiesweg rechts in den Wald leicht bergauf ⤳ auf diesem Weg 1 km in wechselndem Auf und Ab durch den Wald, die rechts hinzukommende Rückegasse lassen Sie außer Acht.

5 5,8 (1.465) Der Kiesweg trifft an einer T-Kreuzung auf eine breitere Forststraße, hier rechts ⤳ immer geradeaus zur **Moosenalm**.

Moosenalm

Moosenalm, traditionell bewirtschaftet

Von der Moosenalm zurück zum Abzweig bei Wegpunkt 5.

5 6,5 (1.465) Geradeaus auf den breiten, bergab führenden Forstweg ⤳ nach 250 m zweigen Sie auf den kleineren Forstweg in Richtung Schwarzbachwacht nach rechts ab, dieser wird nach wenigen Metern zum steinigen Pfad ⤳ auf diesem Pfad mehr als 2 km durch den Nadelwald bergab, es bietet sich immer wieder eine schöne Aussicht ⤳ bei der Einmündung in die Forststraße links, dann am Steinbruch vorbei hinab.

6 **10,3 (885)** Die Bundesstraße schräg nach links queren.

AUSFLUG Rechts erreichen Sie nach 300 m das Gasthaus am Schwarzbachwachtsattel.

Schwarzbachwacht

Wirtshaus Wachterl, ✆ 08657/285, ÖZ: Fr-Mi, 8-23 Uhr

Die Hauptroute führt vor der **Wachterlhütte** vorbei ~ am Parkplatz links auf den Kiesweg in den Wald ~ diesem folgen Sie über die Straße und in leichtem Auf und Ab weiter geradeaus ~ bei der Weggabelung auf den linken Weg ~ vorbei an der kleinen Aussichtsplattform ~ bei der nächsten Gabelung links und dann gleich geradeaus ~ durch die Unterführung unter der Bundesstraße hindurch.

1 **11,6 (900)** Sie stehen wieder auf dem Parkplatz am Taubensee.

Ramsau

mittel

Tour 44

13,8 km

Wachterlsteig – Neue Traunsteiner Hütte

Start/Ziel: Schwarzbachwacht

Gehzeit: 6 Std. **Aufstieg:** 1.000 m **Abstieg:** 1.000 m

Hartbelag: 0 % **Wanderwege:** 11 % **Wanderpfade:** 89 %

Charakteristik: Der Wachterlsteig ist ein einsamer Pfad, der in und durch die Hochgebirgsregion der Reiter Alpe führt. Der Steig ist nicht gefährlich, aber anstrengend. Über zahlreiche Stufen erfolgt der steile Aufstieg auf die Hochfläche. Im zweiten Abschnitt führt der Weg dann sehr lange, aber wunderschön durch Talmulden und über das Hochplateau. Der Pfad bildet die Grenze zwischen dem Nationalpark Berchtesgaden auf der südlichen und dem Truppenübungsplatz der Gebirgsjäger auf der nördlichen Seite. In beiden Gebieten kann sich die Natur weitgehend frei von menschlichen Einflüssen entfalten, ehemalige Almflächen wachsen seit Jahrzehnten wieder zu. Die abwechslungsreiche alpine Flora und Fauna macht diese Wanderung zu einem ganz besonderen Erlebnis. Am Ziel erwartet Sie dann die Neue Traun-

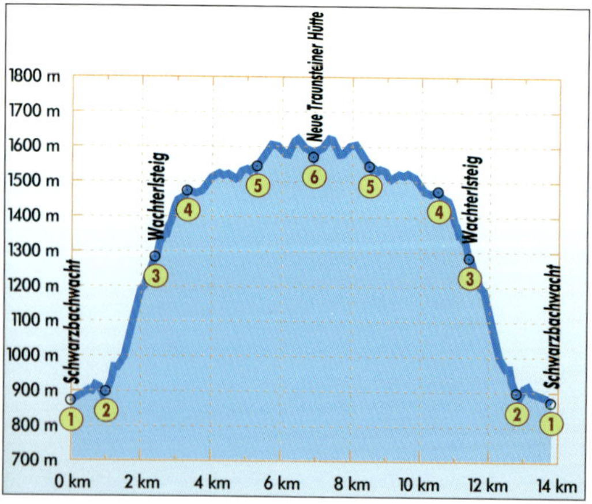

In der Hochgebirgsregion der Reiter Alpe

steiner Hütte, die umgeben von den Gipfeln der Reiter Alpe in einem Hochkarrel liegt.

Markierung: Alpenvereinsmarkierung (Nr. 470).

Anreise/Abreise: Der Schwarzbachwachtsattel liegt an der B 305 zwischen Ramsau und Schneizlreuth. Mehrere Parkplätze an der Passhöhe, keine Busanbindung.

Schwarzbachwacht

Wirtshaus Wachterl, ✆ 08657/285, ÖZ: Fr-Mi, 8-23 Uhr

Das „Wachterl", wie der Pass im Volksmund genannt wird, bildet den Übergang vom Tal der Saalach bei Schneizlreuth zum Tal der Ramsauer Ache bzw. zwischen Reiter Alpe und Lattengebirge. Die historische Soleleitung von Berchtesgaden nach Bad Reichenhall führte hier über den Pass. Die Passstraße ist Teil der Deutschen Alpenstraße.

1 **0,0 (070)** Vom Wanderparkplatz gehen Sie in die Forststraße Richtung Schwarzbachalm ⇝ nach 150 m an der Gabelung links Richtung Neue Traunsteiner Hütte ⇝ auf dem anfangs noch breiten Weg durch den Wald.

2 **1,0 (900)** Am Hinweisschild zum Nationalpark Berchtesgaden rechts halten, kurz darauf beginnt der Pfad stärker anzusteigen ⇝ auf dem **Wachterlsteig** über zahlreiche Wurzeln, Steine und Holzstufen steil bergauf.

3 **2,4 (1.275)** Über eine kleine Leiter ⇝ der Pfad führt weiter durch den Bergwald steil bergan, es bieten sich immer wieder freie Blicke Richtung Ramsau ⇝ relativ eben in einen Einschnitt zwischen den Felsen hindurch, anschließend durch eine regelrechte Urwaldlandschaft ⇝ ein vorerst letztes Mal über zahlreiche Stufen bergauf.

4 **2,7 (1.490)** Sie erreichen einen Sattel und somit das Ende des Anstieges zum Hochplateau, laut Markierung sind es noch 1½ Std. bis zur Hütte ⇝ auf dem schönen Wanderpfad anfangs leicht bergab ⇝ im stetigen Auf und Ab geht es nun durch die wildromantische Alpenlandschaft, immer mal wieder über Holzstufen

Wachterlsteig

und größere Steine ~ der Weg ist hervorragend markiert, Sie können sich stets an den rot-weiß-roten Markierungen auf den Bäumen und Felsen orientieren.

5 5,3 (1.550) Vorbei an der großen Schranke, einem Zeichen dafür, dass auf der nördlichen Wegseite direkt der **Gebirgsübungsplatz Reiter Alpe** anschließt ~ auf der so genannten **Saugasse** durch den schönen Latschenkiefernbewuchs ~ am Abzweig zum Edelweißlahnerkopf rechts halten ~ kurz darauf stehen Sie unvermittelt vor dem Ziel der Tour, der Neuen Traunsteiner Hütte.

Neue Traunsteiner Hütte

Neue Traunsteiner Hütte, 0171/4378919, ÖZ: Mai-Okt.

Die Reiter Alpe, ein Plateaugebirge aus Dachsteinkalk und Ramsaudolomit, zeichnet sich durch weite Hochflächen zwischen 1.500 und 2.000 Metern Höhe mit steil abfallenden Rändern aus. Auf einer dieser Hochflächen inmitten des Gebirgsmassivs liegt die Neue Traunsteiner Hütte mit ihrer großen Aussichtsterrasse.

ANSCHLUSS Relativ leicht erreichbare Berggipfel in der Umgebung sind z. B. der Große Weitschartenkopf (1½ Std.), der Große Bruder (1½ Std.) und der Reiter Steinberg (2 Std.). Einen alternativen Abstieg nach Oberjettenberg finden Sie bei Tour 45.

6 6,9 (1.560) Von der Neuen Traunsteiner Hütte über den Wachterlsteig zurück zum Schwarzbachwachtsattel.

1 13,8 (890) Die Tour endet wieder am Ausgangspunkt.

Schwarzbachwacht

Neue Traunsteiner Hütte

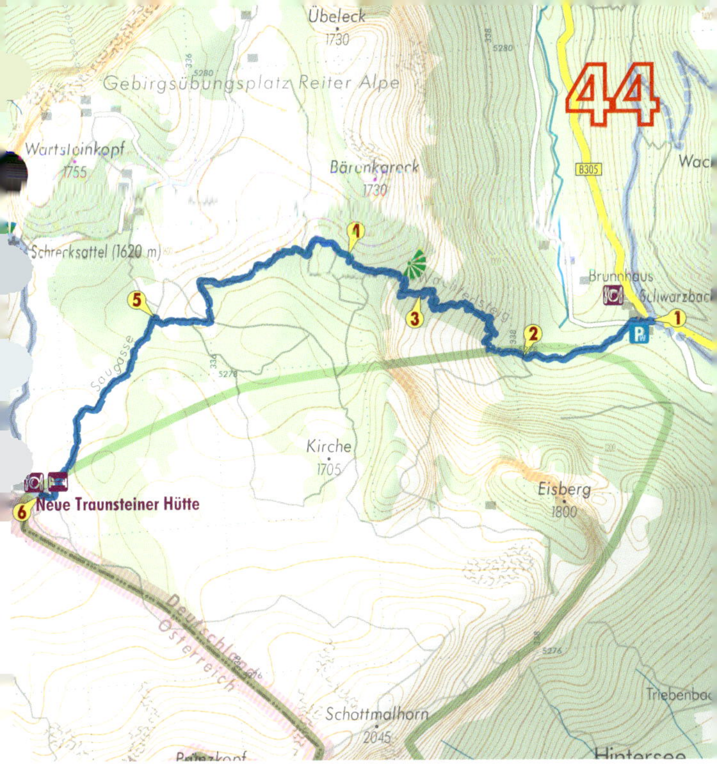

Auf der Hochfläche

mittel

Tour 45 15,3 km

Schrecksteig – Neue Traunsteiner Hütte

Start/Ziel: Oberjettenberg

Gehzeit: 6–7 Std. **Aufstieg:** 1.115 m **Abstieg:** 1.115 m

Hartbelag: 10 % **Wanderwege:** 42 % **Wanderpfade:** 48 %

Am Schrecksattel

Charakteristik: Der meistbegangene Aufstieg zur Neuen Traunsteiner Hütte und somit zum Gebirgsmassiv der Reiter Alpe führt von Oberjettenberg über den Schrecksteig. Der anstrengende, aber nicht gefährliche Aufstiegspfad führt größtenteils durch Wald, erst die letzten Serpentinen vor dem Schrecksattel verlaufen aussichtsreich oberhalb der Waldgrenze. Das letzte Wegstück führt durch eine von Latschenkiefern und alpinen Blumen geprägte Hochfläche zur Neuen Traunsteiner Hütte. Die Hütte ist eine schöne Einkehrmöglichkeit und Ausgangspunkt für zahlreiche einfache und schwere Gipfelbesteigungen in der Reiter Alpe.

Markierung: Gelbe DAV-Wanderwegweiser (Nr. 474).

Anreise/Abreise: Südlich von Unterjettenberg von der B 305 Richtung Oberjettenberg abzweigen. Nach 1,7 Kilometern links Richtung „Untertageanlage“ abbiegen, auf den folgenden 300 Metern auf beiden Straßenseiten Parkmöglichkeiten. Keine Busanbindung.

Oberjettenberg

Deutlich größer als der eigentliche Weiler Oberjettenberg sind das Dolomitwerk Jettenberg und vor allem das Areal der Bundeswehr. Am Ausgangspunkt der Wanderung befindet sich der Standort der Wehrtechnischen Dienststelle für Schutz- und Sondertechnik (WTD 52) der Bundeswehr mit der Seilbahn Reiter Alpe. Die Seilbahn dient ausschließlich der Versorgung des Gebirgsübungsplatzes auf der Reiter Alpe, ist also nicht für die Öffentlichkeit zugänglich.

1 **0,0 (650)** Sie beginnen die Tour am Wanderparkplatz neben der Bundeswehr-Erprobungsstelle in Oberjettenberg ~ am Fahrverbotsschild vorbei der Asphaltstraße folgen ~ nach der Serpentine, also direkt vor dem Eingangstor zum Militärgelände, rechts in den breiten Wanderweg ~ nach der Rechtskurve an der Schranke vorbei und weiter auf dem breiten Weg bergauf.

2 **1,2 (770)** An der Kreuzung mit den fünf Wegen schräg links in den schmalen Pfad ~ über mehrere Holzstufen steil bergauf ~ an der T-Kreuzung links, gleich darauf schräg links in den Kiesweg ~ an der Gabelung im Wald rechts ~ am Ende des Pfades geradeaus auf den Fahrweg.

3 **2,2 (845)** Bevor der Fahrweg vor dem Felsen eine Rechtskurve beschreibt, biegen Sie links in den schmalen Pfad ~ in der Linkskurve

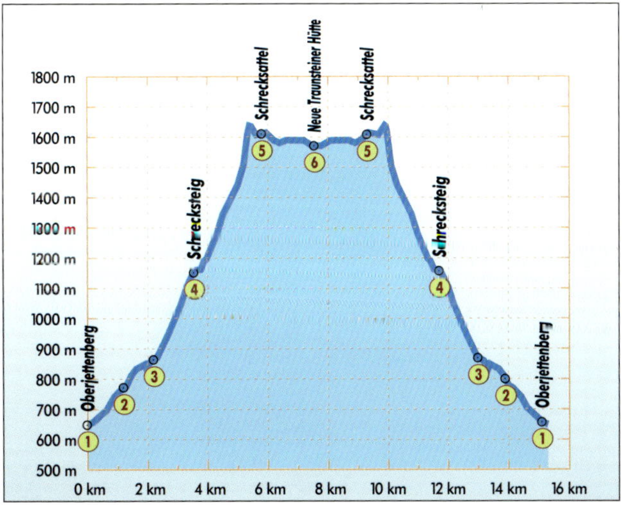

hinter der **Rastnock-Diensthütte** vorbei ⇝ am Ende des Pfades links auf die ansteigende Forststraße ⇝ nach 400 m an der Abzweigung links in den kleinen Pfad.

VARIANTE ⚠ Der folgende Abschnitt des Schrecksteigs ist sehr schön, aber aufgrund zahlreicher auf dem Weg liegender Bäume und anderer Wegschäden schwer begehbar und teilweise etwas ausgesetzt. Eine leichtere Variante über die Fahrstraße ist ausgeschildert.

4 **3,4 (1.110)** An der Abzweigung geradeaus weiter, hier trifft die Alternative über die Fahrstraße wieder auf die Hauptroute ⇝ kurzzeitig relativ eben am Hang entlang ⇝ im weiteren Verlauf auf dem mittlerweile gut gepflegten und gut begehbaren Pfad in Serpentinen steil aufwärts, immer wieder über einzelne Holz- und Steinstufen ⇝ Sie verlassen den Wald und können erahnen, wie sich der Weg im weiteren Verlauf zwischen den beiden Felsen hindurchschlängeln wird ⇝ es bietet sich nun ein schöner Panoramablick u. a. auf das Sonntagshorn und das Kaisergebirge.

5 **5,8 (1.620)** Am Schrecksattel haben Sie das Ende des steilen Anstiegs erreicht, hier am Felsen geradeaus auf den breiten Schotterweg.

Schrecksattel

Der große Felsen am Schrecksattel wird von der Bundeswehr als Klettersfels genutzt. Bis hierhin erstreckt sich der insgesamt 450 Hektar große Gebirgsübungsplatz Reiter Alpe. Das Hochplateau ermöglicht den Soldaten Erprobungen unter Winter- und Hochgebirgsbedingungen mit Schneehöhen bis zu vier Metern und Temperaturen bis -30 °C.

Auf dem breiten Schotterweg am Rand des Gebirgsübungsplatzes entlang ⇝ im Auf und Ab über eine von Latsche geprägte Hochfläche, die von den Gipfeln der Reiter Alpe begrenzt wird ⇝ nach einem kurzen Abstieg erreichen Sie die Neue Traunsteiner Hütte.

Neue Traunsteiner Hütte

Neue Traunsteiner Hütte,
✆ 0171/4378919, ÖZ: Mai-Okt.

Die Reiter Alpe, ein Plateaugebirge aus Dachsteinkalk und Ramsaudolomit, zeichnet sich durch weite Hochflächen zwischen 1.500 und 2.000 Metern Höhe mit steil abfallenden Rändern aus. Auf einer dieser Hochfläche liegt die Neue Traunsteiner Hütte mit ihrer großen Aussichtsterrasse.

ANSCHLUSS Einen alternativen Abstieg zum Schwarzbachwachtsattel finden Sie bei Tour 44.

6 **7,6 (1.560)** Auf dem selben Weg zurück nach Oberjettenberg.

1 **15,3 (650)** Die Tour endet am Ausgangspunkt.

Oberjettenberg

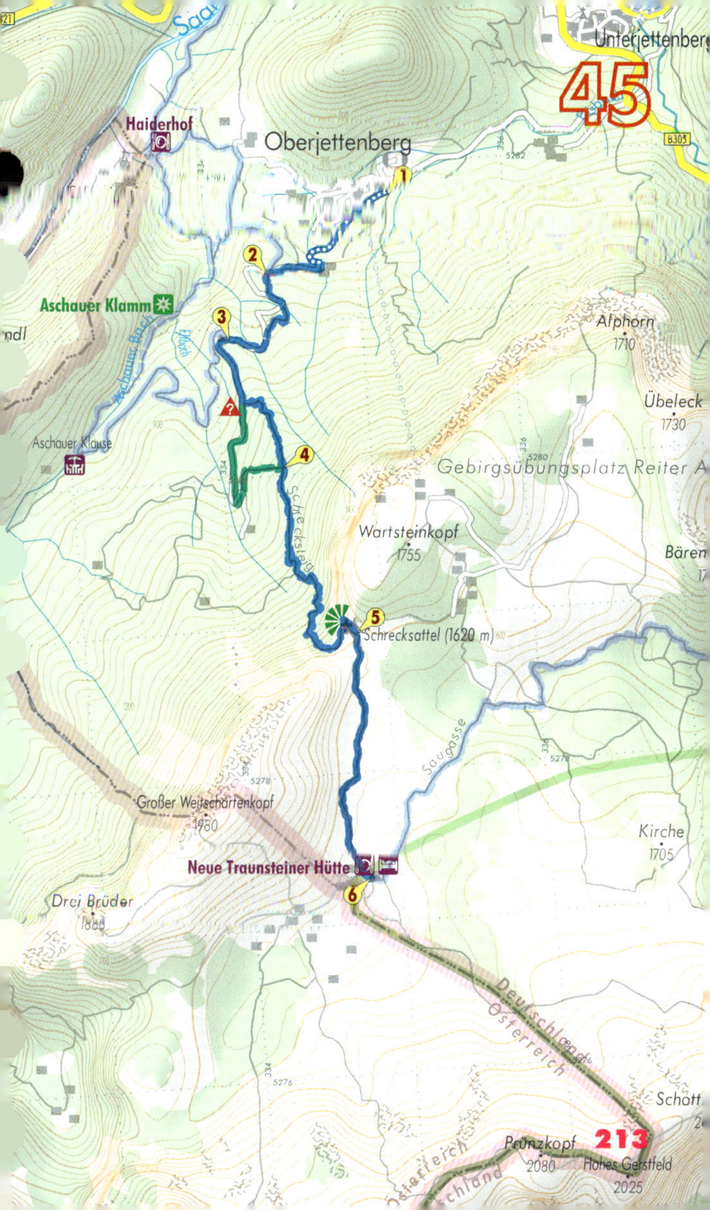
45
Saalach
Unterjettenberg
B305
Haiderhof
Oberjettenberg
1
2
3
4
5
6
Aschauer Klamm
Aschauer Bach
Eßbach
Aschauer Klause
Alphorn
1710
Übeleck
1730
Gebirgsübungsplatz Reiter A
Wartsteinkopf
1755
Schrecksteig
Schrecksattel (1620 m)
Bären
Saugasse
Großer Weitschartenkopf
1980
Neue Traunsteiner Hütte
Kirche
1705
Drei Brüder
1885
Deutschland
Österreich
Schott
Prünzkopf
2080
Hohes Gerstfeld
2025

leicht

Tour 46 14,3 km

Aschauer Klamm

Start/Ziel: Schneizlreuth

Gehzeit: 4–4½ Std. **Aufstieg:** 465 m **Abstieg:** 465 m

Hartbelag: 13 % **Wanderwege:** 60 % **Wanderpfade:** 27 %

Charakteristik: Auf dem Hinweg wandern Sie durch das Kerbtal der Aschauer Klamm und überqueren dabei insgesamt fünfmal den Aschauer Bach. Der Rückweg führt über Forststraßen hoch über der Klamm, wobei Nebenschluchten weiträumig umgangen werden, sodass der Rückweg deutlich länger ist als der Hinweg durch die Klamm.

Markierung: Unterschiedliche Markierungen, nicht durchgängig markiert.

Anreise/Abreise: Unregelmäßige Busverbindungen von Bad Reichenhall und Unken (Linie 828) sowie Inzell (Linie 9526) nach Schneizlreuth. Der Ort liegt südwestlich von Bad Reichenhall und ist mit dem Pkw über die B 21 sowie die B 305 erreichbar.

Schneizlreuth

PLZ: 83458; Vorwahl: 08651

Tourist-Information Schneizlreuth, Berchtesgadener Str. 12, OT Weißbach, ✆ 08665/7489, www.schneizlreuth.de

Gasthaus Schneizlreuth, ✆ 4165, ÖZ: Mi-Mo

1 **0,0 (510)** Sie starten am Parkplatz neben dem Rathaus ~ kurz vor der B 21 links in den Wanderweg ~ neben der Straße den Weißbach überqueren, dann links runter und unter der Bundesstraße hindurch ~ auf dem Fußweg neben dem Weißbach entlang ~ an der Straße nach rechts und auf der Eisenbrücke

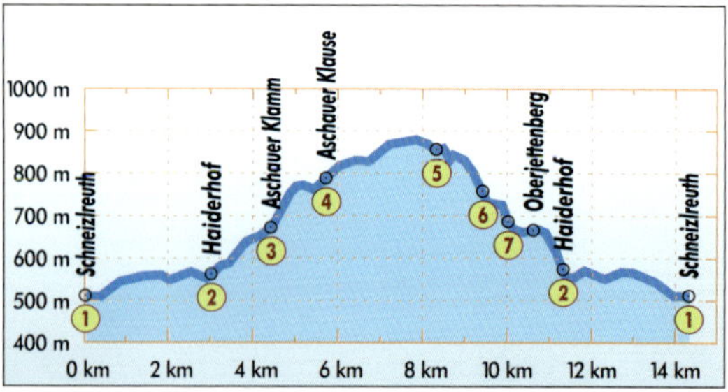

Haiderhof

die Saalach überqueren ~ auf der anderen Seite rechts auf die kleine Asphaltstraße und parallel zum Fluss weiter ~ am Ende des Asphalts weiter geradeaus auf der Schotterstraße, alle Abzweigungen ignorieren ~ Sie erreichen den Haiderhof, im Hintergrund sehen Sie die Berge der Reiter Alpe.

Haiderhof

🍽 **Haiderhof**, ÖZ: Fr-So, in den Ferien tägl.

2 **3,0 (550)** An der Gabelung nach dem Gasthaus rechts hinunter zur Klamm ~ auf dem Wanderpfad neben dem Aschauer Bach entlang.

Aschauer Klamm

Die Aschauer Klamm ist ein tief in den Ramsaudolomit eingeschnittenes Kerbtal mit beeindruckenden Felswänden. Auf einer Länge von 2,5 Kilometern beträgt die Höhendifferenz des Baches etwa 150 Meter. Der kleinräumige Wechsel verschiedener Standorte führt zu einer artenreichen Flora.

Über die Brücke auf die andere Bachseite, kurz bergauf gleich wieder zurück auf die andere Bachseite ~ auf dem schmalen Pfad am Hang entlang ~ am Abzweig nach Oberjettenberg

In der Aschauer Klamm

geradeaus weiter ⇝ Weg und Tal sind nun kurzzeitig etwas breiter.

3 4,4 (700) Über die Holzbrücke auf die nördliche Bachseite, hier beginnt nun der engste und schönste Abschnitt der Aschauer Klamm ⇝ 200 m später wieder die Bachseite wechseln ⇝ mit Seilsicherung am Steilhang entlang ⇝ über die Holzbrücke ein letztes Mal auf die nördliche Bachseite wechseln ⇝ auf dem schönen Pfad weiter am Hang entlang, oft über Holzstege und kleine Stufen ⇝ das Kerbtal weitet sich allmählich, Sie erreichen das obere Ende der Klamm an der Aschauer Klause.

Aschauer Klause

Das schleusenartige Bauwerk diente früher der Holztrift zur Saline in Reichenhall. Der Aschauer Bach wurde hier aufgestaut, sodass das Holz mit einem Wasserschwall durch die Klamm bis zur Saalach transportiert werden konnte.

4 5,7 (795) An der **Klausstube** den Pfad nach links verlassen und die Aschauer Klause überqueren ⇝ auf der anderen Seite des Baches links auf die Fahrstraße und kurvenreich bergauf ⇝ das Seitental auslaufen und den Ellbach überqueren ⇝ die Fahrstraße führt durch zwei kurze Tunnels.

5 8,3 (855) An der Kreuzung links halten und unterhalb der Diensthütte entlang ⇝ nach der Bachüberquerung schräg rechts in den Wanderweg Richtung Oberjettenberg.

TIPP Bis Wegpunkt 6 können Sie nun der Beschilderung Richtung Oberjettenberg folgen.

An der Gabelung im Wald links ⇝ der Kiesweg mündet erneut in die Fahrstraße, gleich danach rechts in den Wanderpfad ⇝ über zahlreiche Holzstufen hinab.

6 9,4 (770) ⚠ An der Kreuzung mit den fünf Wegen in den steil bergab führenden Kiesweg ⇝ nach dem starken Gefälle links halten.

7 10,0 (690) An der kleinen Lichtung der Rechtskurve folgen.

VARIANTE Hier zweigt links ein kleiner Steig hinunter in die Klamm ab.

Am Holzlagerplatz links halten ⇝ an der nicht asphaltierten Straße links Richtung Haiderhof, Schneizlreuth ⇝ Sie wandern auf Oberjettenberg zu, das im Wesentlichen aus zwei Bauernanwesen besteht.

Oberjettenberg

Kurz vor Erreichen der beiden Höfe in Oberjettenberg nach links Richtung Haiderhof ⇝ der Wanderweg führt steil bergab, unterwegs bieten sich mehrmals schöne Blicke ins Saalachtal sowie zur Loferer Alm.

Haiderhof

2 **11,3 (550)** Ab dem Haiderhof auf dem Hinweg zurück nach Schneizlreuth.

1 **14,3 (510)** Die Tour endet wieder am Ausgangspunkt.

Schneizlreuth

Tunnelblick auf dem Rückweg

leicht

Tour 47 — 6,1 km

Bad Reichenhaller Aussichtstour

Start/Ziel: Bad Reichenhall, Bahnhof Kirchberg

Gehzeit: 2½–3 Std. **Aufstieg:** 490 m **Abstieg:** 490 m

Hartbelag: 11 % **Wanderwege:** 0 % **Wanderpfade:** 89 %

Charakteristik: Um die Kurstadt Bad Reichenhall von oben zu sehen, empfiehlt sich eine kurze Wanderung über die Stadtkanzel Richtung Dötzenkopf. Die Besteigung des Dötzenkopfes wäre mit alpinen Gefahren verbunden, aber auch die drei Aussichtspunkte Stadtkanzel, Bildstöckl-Kapelle und Thürmereck lohnen die Mühen des steilen Anstieges. Von der Stadtkanzel und der Bildstöcklkapelle blicken Sie auf Bad Reichenhall, vom Thürmereck aus auf den Saalachsee. Der Abstieg erfolgt wieder auf dem selben Weg. Früher gab es in dem Gebiet einen Sessellift (Stadtberglift) und eine bewirtschaftete Alm (Spechtenalm), heute ist der Stadtberg hingegen fast schon ein kleiner Geheimtipp, um Bad Reichenhall und den Saalachsee von oben zu sehen.

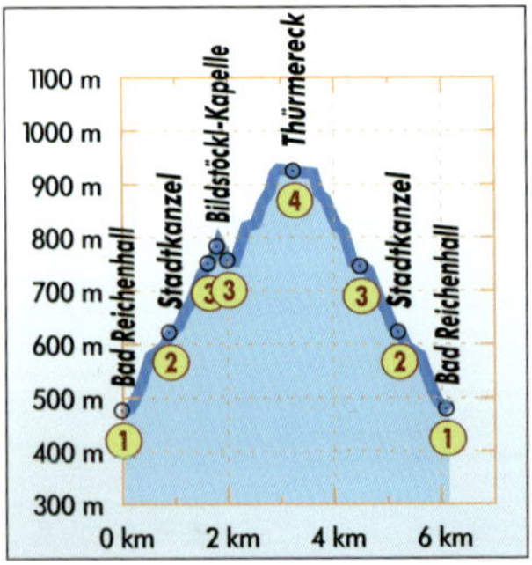

Markierung: Lokale Beschilderung mit Holzwegweisern und Kilometerangaben.

Anreise/Abreise: Der Bahnhof Bad Reichenhall-Kirchberg liegt an der Bahnstrecke Freilassing-Berchtesgaden. Mit dem Auto in Bad Reichenhall der Beschilderung zum Parkplatz P 7 „Festplatz" folgen, Sie können die Wanderung direkt am Parkplatz beginnen.

Bad Reichenhall s. S. 22

1 **0,0 (475)** Am Bahnhof Bad Reichenhall-Kirchberg in der Unterführung den mittleren Ausgang Richtung Parkplatz Festplatz nehmen ~ entlang der Bundes-

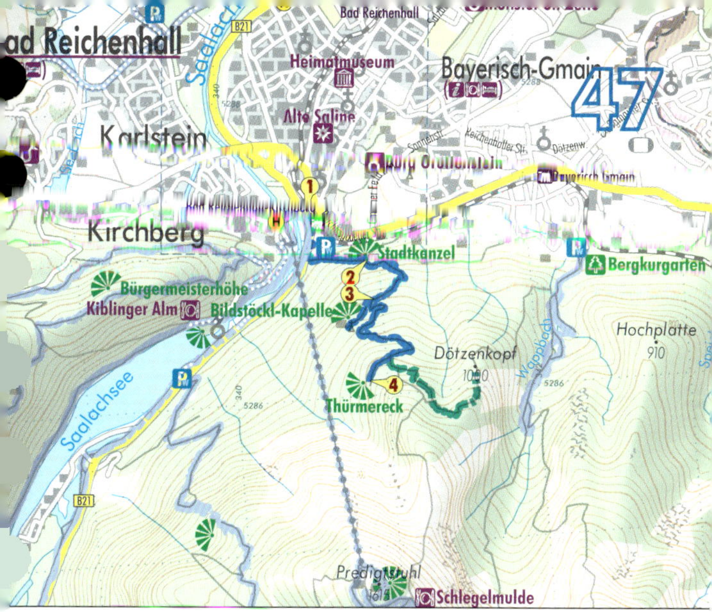

straße zum Infopunkt am **Parkplatz Festplatz** ~ am südlichen Ende des Parkplatzes in den Richtung Dörrkopf und Stadtkanzel beschilderten Wanderpfad ~ an der T-Kreuzung rechts und über weitere Holzstufen bergauf.

Stadtkanzel

2 **0,9 (580)** Von den Rastbanken am **Aussichtspunkt Stadtkanzel** genießen Sie einen ersten schönen Blick auf Bad Reichenhall und den Hochstaufen ~ an der nächsten Gabelung rechts halten ~ am Querweg links und dann stets dem kleinen Kiespfad bergauf folgen.

3 **1,6 (715)** An der Abzweigung beginnen Sie den Abstecher zur

Blick von der Bildstöckl-Kapelle auf Bad Reichenhall

Bildstöckl-Kapelle, dem eigentlichen Höhepunkt der Tour.

Bildstöckl-Kapelle

Die **Bildstöckl-Kapelle** wurde 1949 von den Mitgliedern des Gebirgstrachtenerhaltungsvereins Alt-Reichenhall zum Gedanken an gefallene und verstorbene Vereinsmitglieder errichtet. Unterhalb der Kapelle befinden sich Rastbänke und eine Plattform für Veranstaltungen.

3 **2,0 (715)** Zurück auf dem Anstiegspfad rechts Richtung Thürmereck und weiter bergauf ~ im Rechtsbogen an der Rastbank vorbei ~ an der nächsten Rastbank rechts halten Richtung Thürmereck.

VARIANTE Der nicht markierte Weg nach links führt weiter zum Dötzenkopf, mit 1.001 m der niedrigste Gipfel der Berchtesgadener Alpen. Von oben bietet sich ein faszinierendes Panorama, der Aufstieg führt allerdings durch steinschlaggefährdetes Gelände und erfordert Trittsicherheit.

Kurz vor dem Thürmereck

Die letzten 300 m bis zum Aussichtspunkt Thürmereck verläuft der Weg relativ eben.

Thürmereck

Der Aussichtspunkt liegt direkt an den Nordabstürzen des Predigtstuhls, es bietet sich vor allem ein schöner Blick hinunter auf den Saalachsee.

4 **3,3 (920)** Vom Thürmereck auf dem Aufstiegspfad zurück nach Bad Reichenhall.

1 **6,1 (475)** Die Wanderung endet wieder am Bahnhof Kirchberg.

Bad Reichenhall

Blick vom Thürmereck auf den Saalachsee

leicht

Tour 48 — 3,2 km

Alpgartenrundweg

Start/Ziel: Bayerisch Gmain, Bergkurgarten

Gehzeit: 1 ½ Std. **Aufstieg:** 260 m **Abstieg:** 260 m

Hartbelag: 0 % **Wanderwege:** 31 % **Wanderpfade:** 69 %

Bayerisch Gmain

Charakteristik: Die kurze Tour führt entlang der Klamm des Wappbaches, der sich durch enge Felsschluchten windet und wunderschöne Gumpen bildet. Die Route verläuft meist auf engen Pfaden, teils im Wald, teils direkt am Hang. Bei Nässe ist aufgrund der Rutschgefahr auf den Holzbrücken Vorsicht angebracht.

Markierung: Weiße Schilder mit der Aufschrift „Alpgarten-Rundweg".

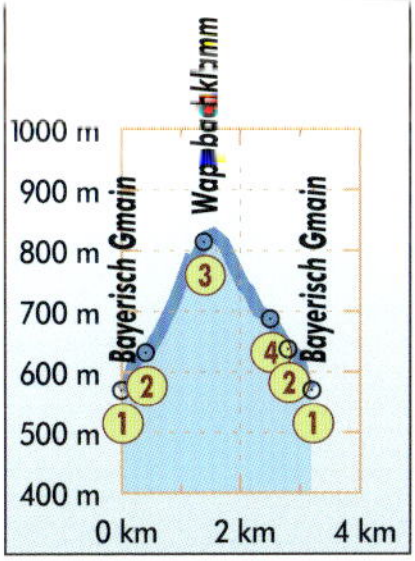

Anreise/Abreise: Von Bad Reichenhall auf der B 20 kommend nach dem Ortseingang von Bayerisch Gmain an der ersten Abzweigung nach rechts und dann der Beschilderung zum Wanderzentrum folgen. Vom Bahnhof Bayerisch Gmain wenige Minuten Fußweg.

Bayerisch Gmain

PLZ: 83457; Vorwahl: 08651

Tourist-Information, Großgmainer Str. 14, ✆ 606401, www.bayerisch-gmain.de

Bergkurgarten mit Informationen zu alpinen Pflanzen und einer Kneippanlage

Der beliebte Kurort Bayerisch Gmain ist seit jeher eng mit dem österreichischen Nachbarort Großgmain verbunden. Trennend wirkte lediglich die am Weißbach endende Gerichtsbarkeit. Trotz der Ausformung zweier eigenständiger Gemeinden blieb das Zusammengehörigkeitsgefühl erhalten.

1 0,0 (570) Die Route startet am Wanderparkplatz am Bergkurgarten in Bayerisch Gmain ⁓ oberhalb des Parkplatzes auf den breiten Kiesweg, auf diesem parallel zur Rodelbahn leicht bergauf ⁓ bei der Gabelung nach gut 300 m geradeaus, der rechte Weg führt lediglich hinunter zum Bach.

Klammartiger Bereich im Oberlauf

Am Unterlauf des Wappbaches

2 0,4 (635) Bei der Eisenbrücke den **Wappbach** überqueren ⁓ danach links auf dem Pfad weiter ⁓ der Schotterpfad führt Sie nun über 1 km immer auf der rechten Klammseite mehr oder weniger steil bergauf und gibt immer wieder den Blick in die enge Klamm frei ⁓ an einer Stelle brauchen Sie kurz die Hände zum Klettern ⁓ der Pfad führt über zwei kleine Zuflüsse.

3 1,4 (820) Beim seitlichen Zufluss überqueren Sie die geländerlose, über eine kleine Holztreppe zugängliche Holzbrücke, ⚠ bei Nässe besteht Rutschgefahr ⁓ ab dem Scheitel des Rundweges linker Hand des Wappbaches bergab, den rechts zum Alpgartensteig führenden Pfad außer Acht lassen ⁓ der Wappbach ist hier weniger tief eingeschnitten, Geröll und Schutt formen das breite Bachbett ⁓ über die Holzbrücke wechseln Sie auf die rech-

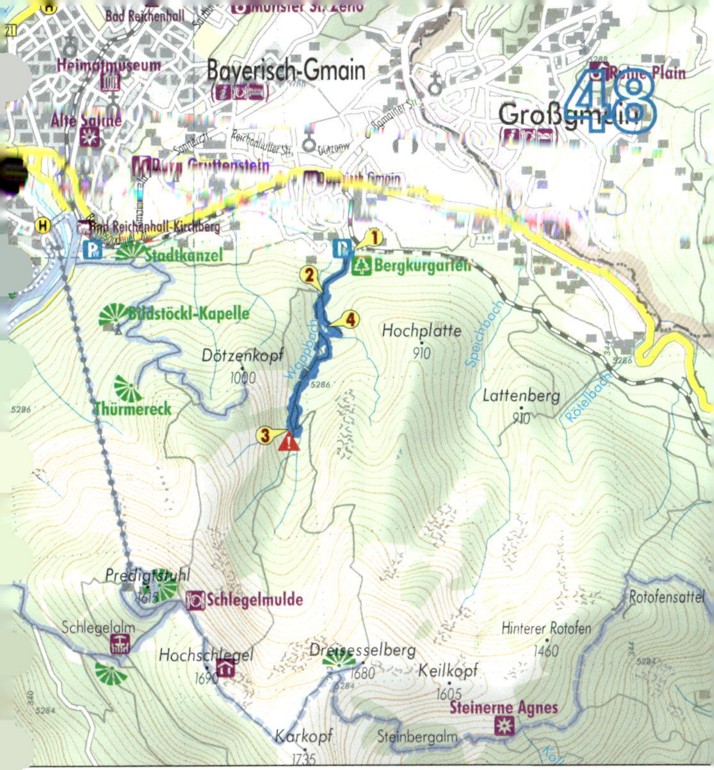

le Seite des Baches, eine Bank lädt hier zur Rast ~ auf dem Pfad nach links, nun knapp 1 km am Wappbach entlang bergab.

4 **2,5 (645)** Der Pfad wird zu einem breiten Kiesweg, diesem geradeaus zurück zum Parkplatz folgen.

1 **3,2 (570)** Die Route endet am Wanderparkplatz in Bayerisch Gmain.

Bayerisch Gmain

Wappbach

schwer

Tour 49 — 7,4 km

Waxriessteig – Predigtstuhl

Start: Bad Reichenhall, Talstation Predigtstuhlbahn

Ziel: Bergstation der Predigtstuhlbahn

Gehzeit: 4 Std. **Aufstieg:** 1.155 m **Abstieg:** 95 m

Hartbelag: 5 % **Wanderwege:** 24 % **Wanderpfade:** 71 %

Charakteristik: Nach den ersten Kilometern entlang der Saalach führt der stille und steile Anstieg über den Waxriessteig auf die Hochfläche der Schlegelalm, Trittsicherheit ist hier erforderlich. Belohnt werden die Mühen mit immer wieder tollen Aussichten auf Bad Reichenhall, den Saalachsee und hinüber zum Hochstaufen. An der Hochfläche angekommen führt der Weg über die liebliche Almwiese der Unteren Schlegelalm, dann weiter zur Oberen Schlegelalm und schließlich zum Predigstuhl, dem aussichtsreichen Ziel der Tour. Mit der Predigtstuhlbahn geht es wieder hinunter ins Tal.

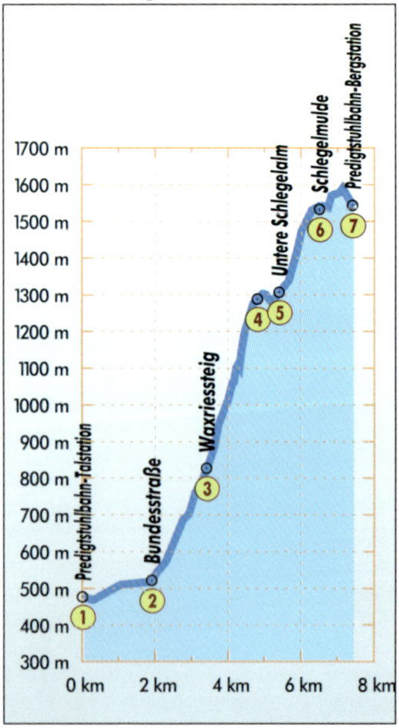

Markierung: Auf dem Waxriessteig Nr. 478, ab der Oberen Schlegelalm Nr. 475 und Nr. 404a.

Anreise/Abreise: Bei Anreise mit dem ÖPNV können Sie die Tour am Bahnhof Bad Reichenhall-Kirchberg starten. Mit dem Auto in Bad Reichenhall der Beschilderung zur Predigtstuhlbahn folgen.

Auf dem Waxriessteig

Bad Reichenhall s. S. 22

1 0,0 (485) An der Talstation der Predigtstuhlbahn vor zum Ufer der Saalach und links auf dem Fußweg am Ufer entlang ~ auf der **Luitpoldbrücke** über den Fluss ~ vor der Unterführung zum **Bahnhof Kirchberg** rechts halten und auf dem Kiesweg nun 1,4 km zwischen Saalach und Bundesstraße entlang ~ an der Staumauer, der so genannten **Kiblinger Sperre**, erreichen Sie den Saalachsee.

2 1,9 (505) Am Parkplatz die B 21 überqueren ~ auf dem gut ausgebauten, breiten Kiesweg nach links oben in den Wald ~ nach gut 100 m auf dem schmalen Pfad rechts ~ auf diesem teils wurzeligen Hauptpfad in zwei großen Serpentinen im Wald den Hang hinauf ~ die Abzweigung ignorieren ~ ⚠ Vorsicht bei der Querung des kleinen Wasserlaufs, die Brücke ist in marodem Zustand.

3 3,6 (765) Vor dem Felsvorsprung macht der Pfad einen Knick nach links ~ in engen, teils mit Holzstufen versehenen Kehren den bewaldeten Hang hinauf, während des gesamten Aufstiegs immer wieder grandiose Blicke auf Bad Reichenhall und den Saalachsee ~ nach ca. 700 m beginnt ein Teilstück mit vielen Stufen und stellenweise Seilen, das Sie meist steil ansteigend hinaufführt, hier ist Trittsicherheit erforderlich.

4 4,8 (1.280) Am Ende des steilen Aufstiegs auf der Hochfläche angekommen folgen Sie dem Pfad durch den Nadelwald ~ nach ca. 300 m mündet der Pfad in einen von rechts hinten kommenden Weg, hier geradeaus weiter ~ beim Zusammentreffen

Untere Schlegelalm

Kurz vor der Schlegelmulde

mit dem breiten Forstweg nach links leicht bergan.

5 5,4 (1.285) Rechts neben der alten Lifthütte vor der **Unteren Schlegelalm** endet der Forstweg und wird zum Wiesenpfad.

TIPP Nach dem anstrengenden Aufstieg bieten die Wiesen um die Untere Schlegelalm eine ideale Rastgelegenheit.

Noch vor der Unteren Schlegelalm an der Abzweigung auf dem linken Pfad am Feldkreuz vorbei den Hang hinauf ~ auf diesem Weg hinauf bis zur Diensthütte der **Oberen Schlegelalm** ~ auf dem Pfad rechts hinauf zur Schlegelmulde, der Weg führt erst am Waldrand entlang, bevor er nach links erst in den Wald, dann durch Latschen zur Schlegelmulde führt.

Schlegelmulde

Almhütte Schlegelmulde, ✆ 08651/2127, ganzjährig bewirtschaftet

Die stark frequentierte Almhütte liegt in der Mulde zwischen Predigtstuhl und Hochschlegel und bietet einen herrlichen Ausblick auf das Alpenvorland.

6 6,5 (1.540) Am Schlegelmuldenhaus links auf den breiten Kiesweg ~ nach 70 m zweigen Sie rechts auf den alpinen Pfad in Richtung Predigstuhlgipfel ab ~ bei der Gabelung nach 20 m links ~ bei der T-Kreuzung folgen sie dem breiten Kiesweg nach rechts zum Gipfel des Predigtstuhls.

Predigtstuhl (1.613 m)

Auf der Aussichtsplattform am Gipfel haben Sie zahlreiche Sitzgelegenheiten, um den atemberaubenden Rundumblick zu genießen.

Auf dem Pfad hinter der Aussichtsplattform wieder bergab.

7 7,4 (1.585) Die Tour endet an der Bergstation der Predigtstuhlseilbahn.

AUSSTIEG Mit der Predigtstuhlbahn schweben Sie hinunter zum Ausgangspunkt der Tour, Betriebszeiten tägl. 9-17 Uhr, Info unter ✆ 08651/2127.

Bad Reichenhall

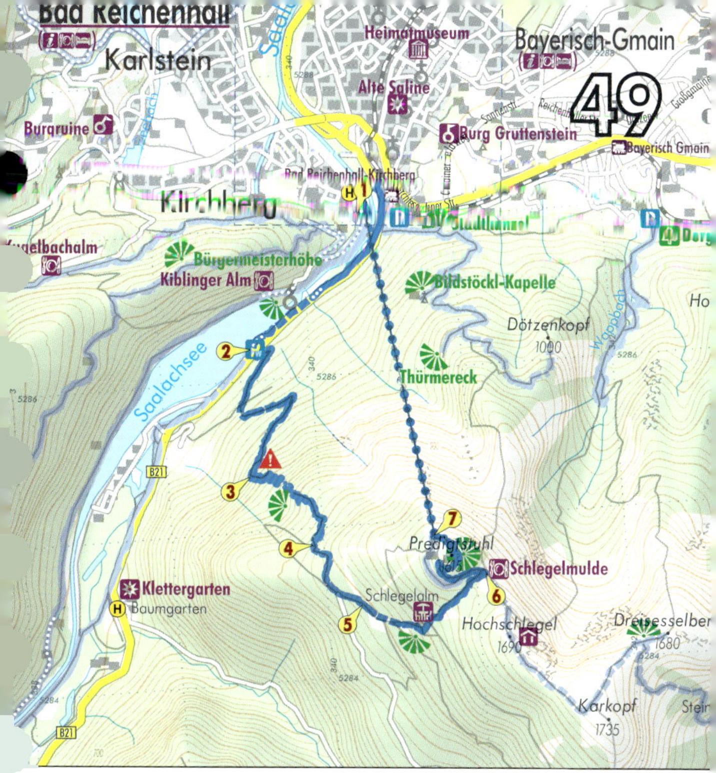

Blick vom Predigtstuhl auf Bad Reichenhall

mittel

Tour 50 9,5 km

Lattengebirge

Start: Bergstation der Predigtstuhlbahn

Ziel: Hallthurm

Gehzeit: 4 Std. **Aufstieg:** 325 m **Abstieg:** 1.170 m

Hartbelag: 2 % **Wanderwege:** 16 % **Wanderpfade:** 82 %

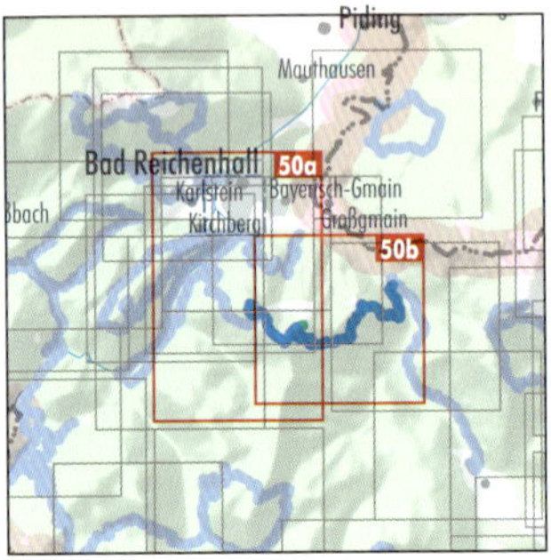

Charakteristik: Das zwischen Reiter Alpe und Untersberg gelegene Lattengebirge ist vor allem deshalb bekannt, weil sein östliches Ende der Gestalt einer schlafenden Hexe ähnelt. Die lange und aussichtsreiche Wanderung führt quer über das Lattengebirge. Bis zum Karkopf führt der Schotterpfad durch Latschen, dann geht es durch Bergwald hinab zum berühmten Geotop „Steinerne Agnes". Am Rotofensattel beginnt der lange Abstieg durch den Wald nach Hallthurm.

Markierung: Nr. 477 Richtung Hallthurm, zum Parkplatz „Schlafende Hexe" Nr. 6.

Anreise/Abreise: Vom Bahnhof Bad Reichenhall-Kirchberg etwa 10 Fußminuten bis zur Predigtstuhlbahn. Mit dem Auto in Bad Reichenhall der Beschilderung zur Predigtstuhlbahn folgen. Rückfahrt von Hallthurm nach Bad Reichenhall mit dem Bus 841, nach der Wiederinbetriebnahme des Bahnhofs Hallthurm auch wieder mit der Bahn.

Predigtstuhlbahn

Blick auf die „Schlafende Hexe“

Bad Reichenhall s. S. 22

Predigtstuhlbahn, ✆ 08651/2127, Betriebszeiten: 9-17 Uht

EINSTIEG Sie fahren mit der Predigtstuhlbahn zum Ausgangspunkt der Tour.

1 **0,0 (1.585)** Die Wanderung startet an der Bergstation der Predigtstuhlbahn ~ auf dem gekiesten Wanderweg nach links und bei der Gabelung nach wenigen Metern rechts halten ~ auf diesem guten Wanderweg mit zahlreichen Sitzgelegenheiten leicht bergab.

Schlegelmulde

Almhütte Schlegelmulde, ✆ 08651/2127, ganzjährig bewirtschaftet

Die stark frequentierte Almhütte liegt in der Mulde zwischen Predigtstuhl und Hochschlegel und bietet einen herrlichen Ausblick auf das Alpenvorland.

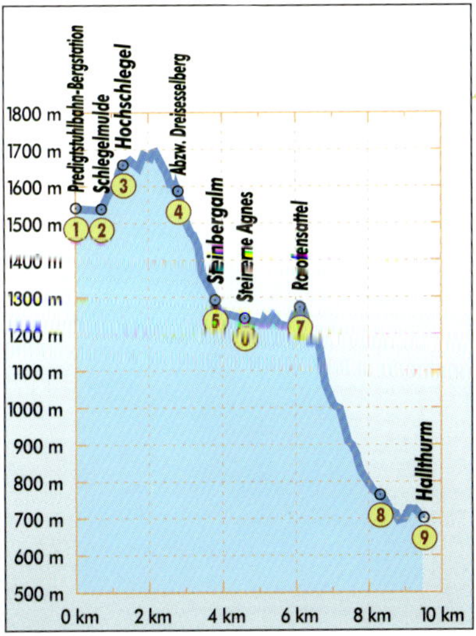

2 **0,7 (1.540)** An der Almhütte gerade vorbei auf den Pfad ~ beim zweiten alten Lifthäuschen beginnt der Weg, dieser führt in zahlreichen Kehren durch Latschen hoch auf den Hochschlegel ~ die Abzweigung nach links zum Alpgartensteig lassen Sie außer Acht.

Hochschlegel (1.688 m)

Der Hochschlegel ist bei gutem Wetter Startpunkt für zahlreiche Paraglider.

Der Dreisesselberg

3 1,3 (1.690) Am Gipfelkreuz des Hochschlegel bietet sich eine schöne Aussicht ⤳ auf dem obersten Pfad hinter dem Lifthäuschen und der Gipfelplattform in die Latschen ⤳ auf den nächsten 1,5 km auf dem guten Schotterweg immer am Kamm entlang ⤳ die Route führt Sie vorbei an den Abzweigungen zum Karkopf und zum Dreisesselberg.

AUSSICHT Für eine tolle Aussicht ins Vorland bietet sich ein Aufstieg zum Dreisesselberg an. Über einen Schotterpfad, der den latschenbewachsenen Hang hochführt, erreichen Sie diesen in wenigen Minuten.

Dreisesselberg (1.680 m)

4 2,8 (1.610) In der Rechtskurve betreten Sie die große Mulde mit viel Geröll, die Route führt mit einer atemberaubenden Aussicht über Geröllfelder zügig bergab in das Waldstück ⤳ der Pfad führt ohne Verzweigungen durch den Wald.

5 3,8 (1.330) Auf der kleinen Almwiese der ehemaligen **Steinbergalm** folgen Sie dem Pfad in der Linkskurve am linken Wiesenrand entlang.

TIPP Die Almwiese bietet eine ideale Gelegenheit zur gemütlichen Rast.

Nach der Steinbergalm taucht der Pfad wieder in den Wald ein ⤳ Sie folgen dem Pfad erst absteigend, dann aufsteigend durch Latschen und über zwei Bachläufe.

6 4,6 (1.285) Die Route führt unterhalb der Steinernen Agnes vorbei, hier finden Sie Rastgelegenheiten sowie Infotafeln zu diesem bekannten Geotop.

Steinerne Agnes

Die Steinerne Agnes ist eine etwa 15 Meter hohe bizarre Felsform. Der Sage nach handelt um eine

Die „große Mulde" nach dem Dreisesselberg

50a
Bad Reichenhall
Finderl
Kirchholz
Karlstein
Kirchberg
Saalach
Heimatmuseum
Alte Saline
Burg Gruttenstein
Bayerisch-Gmain
Bad Reichenhall-Kirchberg
Stadtkanzel
Bergkurgarten
Bürgermeisterhöhe
Kiblinger Alm
Bildstöckl-Kapelle
Dötzenkopf
1000
Hochplatte
910
Saalachsee
Thürmereck
Wappbach
B21
Predigtstuhl
1613
Schlegelmulde
Schlegelalm
Hochschlegel
1690
Dreisesselberg
1680
Karkopf
1735
Steinberga
Klettergarten
Baumgarten
50b
Vogelspitz
1285
Törlkopf
1705
Hochmaiskopf
1390
Kratzer
1300
1
2
3
4
5

Blick in das Berchtesgadener Becken

Sennerin mit Hut, die auf der Flucht vor dem Teufel versteinert wurde, damit sie nicht von ihm geschändigt werden kann.

TIPP Der Aufstieg zum Sockel der Steinernen Agnes lohnt nicht, der Weg ist schlecht und beschwerlich, die Aussicht von Weitem ist beeindruckender.

Unterhalb der Steinernen Agnes geradeaus weiter, die Abzweigung rechts zum Panoramaweg lassen Sie außer Acht ~ Sie folgen dem Pfad etwa 1,5 km lang ziemlich eben am Hang entlang in Richtung des Rotofensattels ~ erst kurz vor dem Sattel geht es leicht ergauf, der Pfad ist stellenweise ht schmal, Sie sollten trittsicher chwindelfrei sein.

Rotofensattel

7 **6,1 (1.285)** Zwischen dem Mittleren und dem Vorderen Rotofen überqueren Sie den Rotofensattel, den nach 300 m links abzweigenden Pfad lassen Sie außer Acht ~ in recht steilen, am Anfang stufenreichen Kehren auf den nächsten 2 km im schattigen Wald bergab.

8 **8,3 (760)** Der Pfad trifft auf die breite Forststraße, hier links Richtung Parkplatz Schlafende Hexe ~ quer über den Parkplatz und auf dem Kiesweg parallel zur Straße Richtung Hallthurm ~ bei der Gabelung nach dem Parkplatz nach links oben auf den Pfad ~ auf dem Pfad oberhalb der Wiese entlang ~ bei der Ga-

belung rechts, über den breiten Asphaltweg zur Hauptstraße.

9 **0,5 (710)** Sie sind am Ende der Tour an der Bushaltestelle in Hallthurm angekommen.

AUSSTIEG Nach Bad Reichenhall zurück kommen Sie mit dem Bus 841 bzw. nach Wiederinbetriebnahme des Bahnhofes auch wieder mit der Bahn.

Hallthurm **s. S. 94**

Die „Steinerne Agnes“

Ortsindex